Colección <Gramática sistemática del español> 2
Flexión y formación de palabras

Hideki Terasaki

Editorial Daigakusyorin

<スペイン語文法シリーズ> 2

語形変化・語形成

寺﨑　英樹　著

東 京 **大 学 書 林** 発 行

「スペイン語文法シリーズ」刊行のことば

　近年わが国ではさまざまのスペイン語の入門書や教科書，参考書が続々と刊行されており，選択に困るほどである．しかし，初級段階を終えた後，中級・上級の参考書やスペイン語学の専門書を探そうとするとほとんど見つからないという状況は以前とあまり変わっていない．そうした中でこの『スペイン語文法シリーズ』は，初級段階を終えたスペイン語の学習者の方々に基本的知識の整理とその上の段階の知識を提供することを主な目的とする．同時に，最近の新しいスペイン語学の成果もなるべく取り入れて教育・研究や実務に携わっている方々やスペイン語に関心を持つ一般読者の方々にも参考となるようスペイン語文法全般について主要な事項をなるべくわかりやすく提示することを目標としている．

　このような企てに取り組みだした際，一つの刺激となったのは 1990 年代以降スペイン王立学士院（アカデミア）が辞書と文法の両面で活発な出版活動を行っていることであった．具体的には，近年のスペイン語研究の成果を集大成した『スペイン語記述文法』全 3 巻 (1999)，いわゆるアカデミア文法として約 80 年ぶりの改訂となった『スペイン語新文法』全 2 巻 (2010) および 11 年ぶりの『スペイン語正書法』(2010) の刊行などが挙げられる．特にアカデミア文法はスペイン語の文法を多少なりとも専門的に勉強しようとすれば必読の書であるが，最新版は何しろ浩瀚な書である上に規範的というより記述的な傾向が強く，基礎的な言語学やスペイン語学の知識がないと読みこなすのはかなり骨が折れる．アカデミア文法にはより簡略な 2 つの版もあるが，簡略化されているだけにかえって理解しにくくなっている面もある．本書は，これらの文法書の基本的で重要と思われる点を取り入れ，アカデミア文法に直接アプローチするための橋掛かりとなるような役割を果たすことも目指している．ただし，アカデミアのとる理論の枠組みや説明を全面的に受け入れるわけではない．本シリーズの根底にあるのは言語事実に基づく記述言語学的な立場であり，ある特定の文法理論に偏ることなく，またスペイン語学特有の枠だけにとらわれず，英語や特に日本語との対照という視点もできるだけ取り入れる方針である．なお，本シリーズの対象とするのはスペインとイスパノアメリカ（いわゆる中南米）地域，どちらのスペイン語も含

刊行のことば

んでいる.

このシリーズは全6巻で構成され,逐次刊行する予定である.本シリーズの刊行を後押しして下さった大学書林佐藤政人氏およびスタッフの方々に深く感謝申し上げる.

2017年9月

寺﨑 英樹

ま え が き

　本書は「スペイン語文法シリーズ」の第2巻となる『語形変化と語形成』である．語形変化と語形成は形態論と呼ばれる文法部門を構成する二大分野に相当する．語形変化は屈折とも呼ばれ，語が発話の中での文法的機能に応じて形を変化させることを指す．スペイン語では名詞，代名詞，形容詞および動詞が語形変化を行うが，この巻では代名詞を除き名詞，形容詞および動詞の語形変化を取り扱う．語形成はある語から別の新しい語を作り出すこと，および既存の語とは無関係に新しい語を採り入れたり，作り出したりする過程を指す．

　前半の「Ⅰ. 語形変化」の部では形態論の基本概念，形態論の単位である形態素および語，名詞，形容詞および動詞の語形変化を取り上げる．後半の「Ⅱ. 語形成」では語形成の方法と種類，接辞付加，複合，語連接および借用を扱っている．全体を通じて中心的なテーマとなるのは語という文法でもっとも重要な基本的単位である．その意味で語を扱う形態論は文法の重要な部門なのである．なお，巻末の参考文献は読者が比較的容易にアクセスできる単行本に限っており，学術雑誌の論文などは除いてある．

　本シリーズはアカデミア（スペイン王立学士院・スペイン語学士院協会）の『新スペイン語文法』（2009年版）の理論的な枠組みや概念をなるべく尊重することを方針としているが，それはもちろんアカデミア文法の考え方や記述を何でも受け入れるという意味ではまったくない．第2巻では特に動詞の語形変化や複合，語連接の部分で著者独自の見解が多いことをお断りしておく．

2018年10月

著　者

目　　次

Ⅰ．語形変化 ……………………………………………………………… 1

1．形態論とその単位 …………………………………………………… 2

  1.1.　形態論とは ……………………………………………………… 2

  1.2.　屈折形態論と語彙形態論 ……………………………………… 2

  1.3.　共時形態論と通時形態論 ……………………………………… 3

  1.4.　形態素 …………………………………………………………… 4

    1.4.1.　形態素とは ………………………………………………… 4

    1.4.2.　形態素と異形態 …………………………………………… 5

    1.4.3.　異形態の交替 ……………………………………………… 6

    1.4.4.　特殊な形態 ………………………………………………… 7

    1.4.5.　形態素の種類 ……………………………………………… 7

    1.4.6.　語根と接辞 ………………………………………………… 7

    1.4.7.　基体と屈折語尾 …………………………………………… 8

    1.4.8.　付加位置による派生接辞の種類 ………………………… 8

      A.　接頭辞および接尾辞 ……… 8　　B.　接中辞および挿入辞 ……… 9

      C.　両面接辞 ……………… 10

  1.5.　語 ………………………………………………………………… 11

    1.5.1.　語の特徴 …………………………………………………… 11

      A.　語の音韻的特徴 ……… 11　　B.　語の形態的特徴 ………… 12

      C.　語の統語的特徴 ……… 12　　D.　語の正書法的特徴 ……… 12

    1.5.2.　自立語と付属語 …………………………………………… 13

    1.5.3.　単純語と合成語 …………………………………………… 14

  1.6.　接語句 …………………………………………………………… 14

    ＜参考１＞　生成文法における形態論 ………………………… 15

2．派生と屈折 …………………………………………………………… 17

  2.1.　派生および屈折とは …………………………………………… 17

  2.2.　派生と屈折の相違点 …………………………………………… 17

    ＜参考２＞　形態論的な言語類型 ……………………………… 18

3．名詞の語形変化 ……………………………………………………… 20

目　　次

3.1.　名詞の基体と語尾 ……………………………………… 20

3.2.　名詞の性と数 ……………………………………………… 21

3.3.　名詞の数変化 ……………………………………………… 22

　　3.3.1.　一般的原則 …………………………………………… 22

　　3.3.2.　数変化による強勢移動 …………………………… 25

　　3.3.3.　複合語の数変化 …………………………………… 26

　　3.3.4.　略語の数変化 ……………………………………… 26

　　　　A.　短縮語 ……………………… 26　　B.　略号 …………………… 26

　　　　C.　頭字語 ……………………… 27　　D.　学術的文字記号 ……………… 27

4．形容詞の語形変化 ……………………………………………… 28

4.1.　形容詞の性・数変化 …………………………………… 28

　　　　A.　〈第1類〉　性と数で変化するもの ……………… 28

　　　　B.　〈第2類〉　数変化のみを行うもの ……………… 28

　　　　C.　〈第3類〉　性・数で無変化のもの ……………… 29

4.2.　形容詞の語尾脱落 ……………………………………… 29

5．動詞の語形変化 ………………………………………………… 30

5.1.　動詞の活用体系 …………………………………………… 30

5.2.　動詞の形態構造 …………………………………………… 32

5.3.　動詞語幹 …………………………………………………… 34

　　5.3.1.　現在語幹および過去語幹 ………………………… 34

　　5.3.2.　現在語幹から構成される時制・形式 …………… 35

　　5.3.3.　過去語幹から構成される時制・形式 …………… 36

5.4.　人称・数の接辞 …………………………………………… 37

　　5.4.1.　基本的人称語尾 …………………………………… 37

　　5.4.2.　単純過去形の人称語尾 …………………………… 38

　　5.4.3.　命令法の人称語尾 ………………………………… 39

5.5.　ボス語法に対する動詞の変化語尾 …………………… 40

5.6.　複合時制 …………………………………………………… 41

　　　　〈参考3〉　形態論的分析の3モデル ………………… 42

6．規則動詞の活用 ………………………………………………… 44

6.1.　規則動詞の3活用型 ……………………………………… 44

　　　　A.　第1活用：-ar 動詞 ……… 44　　B.　第2活用：-er 動詞 ……… 46

目　　次

   C.　第 3 活用：-ir 動詞 ·········· 47

 6.2.　正書法が変化する動詞 ··································· 48

  ＜参考 4 ＞　単純過去の名称 ·························· 49

7.　不規則動詞の活用 ···················· 50

 7.1.　不規則性の種類 ······································· 50

 7.2.　母音変化をする動詞 ··································· 50

  7.2.1.　-ío, -úo 型の動詞 ······························· 50

  7.2.2.　-yo 型の動詞 ································· 51

  7.2.3.　-eo 型の動詞 ································· 52

  7.2.4.　母音交替動詞 ································· 52

   A.　直説法現在の母音交替 ·· 52　B.　命令法の母音交替 ············· 53

   C.　接続法現在の母音交替 ···················· 54

   D.　直説法単純過去の母音交替 ··············· 54

   E.　接続法過去および未来の母音交替 ········ 54

   F.　現在分詞の母音交替 ···················· 55

 7.3.　子音変化をする動詞 ··································· 55

   A.　-zco 型の動詞 ·············· 55　B.　-go 型の動詞 ············· 56

   C.　-igo 型の動詞 ·········· 56

  7.4.　混合変化をする動詞 ································ 57

   A.　子音変化と母音交替をする -go 型の動詞 ····· 57

   B.　母音と子音の交替を起こす動詞 ·········· 58

 7.5.　特殊変化をする動詞 ································· 58

   A.　-oy 型の動詞 ·········· 58　B.　-e 型の動詞 ········· 59

   C.　その他の型の動詞 ·········· 59

 7.6.　強変化の単純過去 ···································· 59

  7.6.1.　強変化の過去語幹から構成される時制 ······ 59

  7.6.2.　強変化の過去の類型 ······················ 61

   A.　語根母音が /u/ に変化するもの ·············· 61

   B.　語根母音が /i/ に変化するもの ·············· 61

   C.　語根の末尾子音が /x/ に変化するもの ········ 61

   D.　その他の変化をするもの ···················· 61

 7.7.　不規則な未完了過去 ································· 62

— vi —

目　　次

7.8.　不規則な未来および過去未来 ………………………………… 62
　　A.　幹母音が脱落するもの …………………………………… 62
　　B.　幹母音脱落と子音挿入が起きるもの ………………… 62
　　C.　語中音消失が起きるもの ……………………………… 62
7.9.　不規則な命令法 ……………………………………………… 63
　　A.　幹母音が消失するもの …………………………………… 63
　　B.　語根が異形態となるもの ……………………………… 63
　　C.　正書法の変化が起きるもの …………………………… 63
7.10.　不規則な無人称形 ………………………………………… 63
　　7.10.1.　不規則な現在分詞 ………………………………… 63
　　7.10.2.　不規則な過去分詞 ………………………………… 64
　　A.　語尾が -to となるもの … 64　　B.　語尾が -cho となるもの … 65
　　C.　語尾が -so となるもの … 65
　　7.11.　欠如動詞 ………………………………………………… 65
　　　＜参考５＞　未来形・過去未来形の起源 ………… 66

Ⅱ．語形成 ……………………………………………………… 67

8．語形成とその方法 ……………………………………… 68

8.1.　語形成とは ………………………………………………… 68
8.2.　語形成の方法 ……………………………………………… 68

9．接辞付加 …………………………………………………… 69

9.1.　接尾辞付加 ………………………………………………… 69
9.2.　名詞派生 …………………………………………………… 69
　　9.2.1.　派生名詞の分類 ……………………………………… 69
　　9.2.2.　動作を表す名詞の派生 …………………………… 70
　　A.　-ada ……………………… 70　　B.　-ado, -ada, -ido, -ida ……… 70
　　C.　-aje ……………………… 71　　D.　-azo ……………………… 71
　　E.　-ción, -sión, -tión, -ión …… 72　　F.　-dura, -tura, -ura ………… 73
　　G.　-miento ………………… 73　　H.　-ncia, -nza ……………… 74
　　I.　-o, -e, -a ………………… 74
　　9.2.3.　性質・状態を表す名詞の派生 ……………………… 76
　　A.　-ato, -ado ……………… 76　　B.　-azgo ……………………… 76
　　C.　-dad, -edad, -idad, -tad …… 76　　D.　-era ……………………… 77

— vii —

目　次

 E. -ez, -eza, -icia ·············· 77 F. -ía, -ería, -ia, -ncia ·············· 77

 G. -ismo ······················· 79 H. -ura ······························· 79

9.2.4. 動作者・道具・場所を表す名詞の派生 ············· 79

 A. -dero / -dera, -torio / -toria ··············· 79

 B. -dor / -dora, -or / -ora ····· 80 C. -ero / -era, -ario / -aria ······· 81

 D. -ista ························ 82 E. -nte ····························· 83

9.2.5. 集合を表す名詞の派生 ································· 84

9.3. 形容詞派生 ··· 84

9.3.1. 派生形容詞の分類 ··································· 84

9.3.2. 品質形容詞の派生 ··································· 85

 A. -ble ························· 85 B. -iento, -ento ··············· 86

 C. -ísimo, -císimo, -érrimo ·· 86 D. -oso, -ajoso, -uoso ·············· 87

 E. -udo ························ 87

9.3.3. 関連形容詞の派生 ··································· 88

 A. -al, -ar ···················· 88 B. -ano, -iano ···················· 89

 C. -eco, -teco ················· 90 D. -eño ···························· 90

 E. -és, -ense, -iense ·········· 90 F. -í ······························· 91

 G. ´ -ico, -ático ·············· 91 H. -ino ···························· 91

 I. -ita ························· 92 J. -ivo ···························· 92

 K. -o ·························· 92

9.4. 動詞派生 ··· 93

9.4.1. 接尾辞による動詞派生 ······························· 93

9.4.2. 複接派生 ··· 94

9.5. 評価辞派生 ··· 96

9.5.1. 評価辞とは ··· 96

9.5.2. 縮小辞 ··· 97

 A. 縮小辞の種類 ·········· 97 B. 縮小辞 -ito の異形 ······ 98

 C. 縮小辞 -ito の語尾選択 ·································· 99

 D. 接中辞的な -ito / -ita ····· 100 E. 縮小辞付加の実例 ········· 101

9.5.3. 拡大辞 ··· 102

9.5.4. 軽蔑辞 ··· 103

9.6. 女性名詞の派生 ····································· 104

— viii —

目　　次

9.6.1. 女性名詞の派生法	104
9.6.2. 語尾交替による派生	105
9.6.3. 接尾辞付加による派生	105
9.7. 接頭辞付加	106
9.7.1. 接頭辞の特徴	106
9.7.2. 位置・場所の接頭辞	107
9.7.3. 時間の接頭辞	108
9.7.4. 再帰・共同を表す接頭辞	108
9.7.5. 数量・程度の接頭辞	109
9.7.6. 否定・反対の接頭辞	110
9.7.7. 形容詞的接頭辞	110

10. 複合 ······ 112

10.1. 複合および複合語	112
10.2. 複合語と句の境界	114
10.3. 名詞複合語	117

A. 名詞と名詞の複合 ········ 117　　B. 名詞と形容詞の複合 ······ 118
C. 動詞と名詞の複合 ······ 118
D. 名詞を含むその他の複合 ······ 119
E. 名詞を含まない複合 ····· 120　　F. 節構造を持つ複合 ······ 120

10.4. 形容詞複合語	121

A. 形容詞と形容詞の複合 ······ 121
B. 名詞と形容詞の複合 ······ 121
C. その他の語類と形容詞の複合 ······ 122

10.5. 新古典複合語	122

A. 語頭に現れる語幹 ········ 123　　B. 語末に現れる語幹 ······· 124
C. 語頭または語末に現れる語幹 ······ 125

10.6. 動詞複合語	126
10.7. 副詞複合語	126
10.7.1. 副詞の固有複合語	126
10.7.2. -mente 副詞	127
10.8. 機能語その他の複合語	128
10.9. 並置複合語	129

目　　次

11. 語連接　130

11.1. 語連接の構成　130

11.2. 語連接の性と屈折　132

11.3. 色彩名の語連接　133

11.4. 固有名の語連接　134

12. その他の語形成法　135

12.1. 逆成　135

12.2. 転用　135

12.3. 短縮　137

　　A. 語末省略　137　　B. 語頭省略　139

　　C. 語中省略　140

12.4. 頭字語　140

　　A. 字名読み頭字語　140　　B. 単語読み頭字語　141

　　C. 混合読みの頭字語　142

12.5. 混成　142

12.6. 造語　144

13. 借用　146

13.1. 借用とは　146

13.2. スペイン語の語彙の種類　146

13.3. 外来語の適応化　148

13.4. 歴史的な借用語　149

13.5. 近代の借用語　151

　　A. アメリカ借用語　151

　　B. イタリア語からの借用語　152

　　C. カタルーニャ語からの借用語　152

　　D. ポルトガル語からの借用語　153

　　E. フランス語からの借用語　153

　　F. ドイツ語からの借用語　153

　　G. 英語からの借用語　154　　H. 日本語からの借用語　156

参考文献　157

用語索引　159

— x —

Ⅰ．語形変化

1．形態論とその単位

1.1. 形態論とは

　本書で取り扱うスペイン語の語形変化および語形成は文法の中では形態論（morfología）と呼ばれる部門に含まれる．形態論は統語論と並んで狭い意味での文法を構成する二大部門である．統語論（sintaxis）は文を分析対象とし，語がどのように結合し，句を構成し，さらに文を構成するかを扱う部門であるのに対して，形態論は語を分析対象とし，語がどのような内的構造を持ち，どのような変化（variaciones）を行うかを扱う部門である．広い意味での文法は，これらの他に意味論（semántica），語用論（pragmática），音韻論（fonología），さらには談話分析（análisis del discurso）も含む．

　伝統文法では，形態論に相当する分野は語形論（accidente）と呼ばれた．これは語がさまざまの文法範疇に応じて起きる語形変化や語の派生を扱う文法の部門であった．

1.2. 屈折形態論と語彙形態論

　形態論は屈折形態論と語彙形態論の二大部門に分けることができる．屈折形態論（morfología flexiva）とは語形変化を研究する部門であり，語がどのように変化し，その変化形がどのような文法的機能を果たすかを取り扱う．ある語の変化形の集合は屈折変化表（paradigma flexivo）と呼ばれる．一方，語彙形態論（morfología léxica）は語形成を研究する部門であり，語がどのように構成され，またある語から別の語がどのように形成されるかという過程や規則を取り扱う．この部門は語形成（formación de palabras）とも呼ばれる．形態論が考察する対象は語であるが，屈折形態論は語が文法範疇に対応してどのように変化するかを記述し，その屈折規則を探るのが目的である．一方，語彙形態論では語がどのように構成され，また新たな語をどのように構成す

－2－

るかを記述し，語形成規則を探ることを目的とする．

1.3. 共時形態論と通時形態論

　言語を一定の時期における静止的な状態として観察するとき，それを共時態（sincronía）と呼ぶ．これに対し，言語をある時期から別の時期への連続的変化としてとらえたものが通時態（diacronía）である．この区別を明確化したのは構造言語学の基礎を築いたソシュール（Ferdinand Saussure）である．共時的研究はとりわけ現在の言語の状態を観察してその中にある体系を解明するのが目的とするのに対し，通時的研究は言語の歴史的変化を考察するのが目的である．

　一般に形態論と言えば共時形態論（morfología sincrónica）を指す．共時形態論は歴史的な視点を入れずに語の形態論的な構造やそこで働く規則を解明しようとする．ところが，形態論の分野には多くの不規則な現象が見られる．この不規則性は歴史的な変化により生じることが多い．それを語源にさかのぼって歴史的に説明しようとすると，通時形態論（morfología diacrónica）の分野に立ち入ることになる．語形成の例をとると，動詞 hablar「話す」から動作者名詞 hablador「話し手，おしゃべりな人」が派生し，oír「聞く」から同じく oidor「聞き手」が派生するが，leer「読む」に対応する動作者名詞は lector「読む人，読者」である．leedor という規則的な派生による語形も可能であり，実際にかつて存在したが，より古くからある lector が常に優勢で，leedor は現代では使われない．lector の語源はラテン語の時代にさかのぼり，動詞 lĕgo (legĕre) から派生した名詞（leg- + -tor > lector）である．このように歴史的に説明するのは通時形態論的な研究であり，語源学（etimología）と関連する．しかし，共時形態論では歴史的視点を入れずに記述するのが原則である．例えば，leer「読む」の語幹についてその語源には言及せず，lee- のほかに異形 lec- を設定するという方策で分析を行う．接尾辞 -dor についても同様に歴史的な変化には言及せず異形 -tor を設定する．記述する際に語源や実証されていない過去の推定形，つまり共時的に見れば不透明な語基（base opaca）に言及することはしないのである．

　実際に，普通のスペイン語話者は言語史の知識など持たずに言語を使用しているのだから，共時的な分析は話者が持っていると思われる言語知識を解

明し，説明するのに有効となるはずである．ただし，共時的研究を行うために通時的な研究が役立つことは間違いないし，それを利用することも必要である．それにもかかわらず，記述をするには歴史的な説明に頼らず共時的なアプローチを貫く必要がある．本書で取り上げるのも共時的形態論である．

1.4. 形態素

1.4.1. 形態素とは

　形態論で最も主要な単位である語は形態素から成り立っている．形態素（morfema）は形態論の最小の単位である．形態素には文法家によってさまざまの定義があるが，大別すると，第1は意味を持つ最小単位とするもの，第2は形態論的分析によって得られる最小単位で，意味は規定できなくてもよいとするものである．ここでは第1に近い立場をとるが，意味は厳密に規定できなくても差し支えないと考える．形態素は語を分節して得られる一定の語彙的意味または文法的機能を持つ最小の形態論的単位である．したがって，形態素は意味を持つ分節であるが，その意味は必ずしも明確に規定できなければならないわけではなく，他の分節に対し示差的であることが認められればよい．

　形態素は語を分析して得られるが，その最初の手順はさまざまの語の中に繰り返し現れる有意味の分節を抽出することである．例えば，mal（悪く，悪），malo（悪い），maldad（悪さ），maldecir（呪う，罵る），malestar（体調不良），malicia（悪意），maltrato（虐待）などの語から共通する分節 mal- を取り出すことができる．このような分節を形態（morfo）と呼ぶ．この繰り返し性（recurrencia）を持つ形態は「悪い」という共通の意味を持つと見られるので，一つの形態素と認定することができる．

　動詞 reaparecer（再び現れる），reelegir（再選する），releer（読み直す）などのグループに含まれる接頭辞 re- は「再び」の意味を持つ形態素として認定可能であり，語根部分の aparec- /apaɾeθ-/（現れる），eleg- /elex-/（選ぶ），le-（読む）もそれぞれ形態素として認定できる．これに対し recoger（拾い上げる），reconocer（認識する），recortar（切り取る）などのグループの re- に「再び」という共通の意味を取り出すのは困難である．しかし，例えば *recoger* の re- は，*acoger*（受け入れる），*encoger*（縮める），*escoger*（選び出す）など

— 4 —

共通の語根を持つ語に対して意味の示差を表すのに役立っていると言える．また，*reconocer* についても conocer（知っている），*des*conocer（知らない）との対比，*recortar* についても cortar（切る），*entre*cortar（切れ目を入れる）との対比により re- の示差性は明らかである．そこで，意味が明確な前のグループの re- と同じ形態素として扱うことにする．一方，acoger, encoger, escoger, recoger などの動詞グループの語根部分は coger（つかむ）と同じ形式を持ち，この動詞から派生したと見ることができる．これらの語の語根 cog- /kox-/ から共通の意味を取り出すのは困難であるが，同じ形態素として扱う．これに対し，asistir（出席する），consistir（成り立つ），desistir（断念する），insistir（固執する），resistir（耐える）のグループには共通の形式 -sistir が含まれるが，現代スペイン語に *sistir と言う動詞は存在せず（* は非文法的または実在しない形式を示す），共通の意味を取り出すことも不可能である．この形式を形態論的分節（segmento morfológico）として分析することは可能であるが，それは通時形態論や語源学の研究対象であり，形態素とは認め難い．共時的には，これらの語から接頭辞 con-, de-, in-, re- などを分離せず，変化語尾 -ir を除く形式 consist-, desist-, insist-, resist- をそれぞれ一つの形態素として扱う．

1.4.2.　形態素と異形態

　形態素分析の次の手順は形態の意味と形式を照らし合わせ，形態の出現する環境と分布を観察することである．これにより共通の意味を持ち，出現する環境の異なる形式があれば同じ形態素に属する異形態（alomorfo）としてまとめることができる．例えば，スペイン語で名詞の複数形は，無強勢母音で終わる名詞の場合は -s という要素を付加し（casa（家）> casas），子音で終わる名詞の場合は -es を付加する（pared（壁）> paredes）ことによって作り出すことができる．-s /-s/ という形態も -es /-es/ という形態も複数を示す接辞であり，また現れる音韻環境によりどちらかが選ばれる．つまり一つの形態は現れる環境が異なっていて同じ環境で重複することはない．これを相補分布と言い，相補分布する形態は同じ一つの形態素に属する異形態と考えることができる．/-s/ を代表形と考えるならば，形態 /-s/ と /-es/ は同じ形態素 {-s} に属する変異形であると見なすことが可能である．ところで，スペイン語では名詞の最終音節が無強勢で，-s で終わる場合，複数になっても語形は変化

—5—

しない：el lunes（月曜日）> los lunes. このような音韻環境ではゼロ接辞 /-ø/ が付加されたと考えることが可能である. そうすると，複数を示す形態素 {-s} は /-s/, /-es/, /-ø/ の三つの異形態によって実現されると考えることができる. このように形態素は一つの形態で表示される場合と，二つ以上の異形態で表示される場合がある.

1.4.3. 異形態の交替

　同じ形態素に属する異形態を相互に比較すると，その交替は音素的に部分的な変化が生じている場合が多い. すなわち異形態間の交替は，その形式の一部を構成する子音または母音が変化する場合が一般的である. その交替には次のような種類が見られる.

　　1）付加（adición）── 子音または母音が付加される：*extrae*-r ~ *extrac*-ción, *amable* ~ *amabil*-idad

　　2）除去（sustracción）── 子音または母音が除去される：*escribi*-r ~ *escri*-tura, *rey* ~ *re*-al

　　3）交替（reemplazo）── 子音または母音が異なる子音または母音に交替する：*comprende*-r ~ *compren*-sión, *permiti*-r ~ *permis*-o, *buen*-o ~ *bon*-dad. 子音と母音が同時に交替する場合もある：*dirigi*-r ~ *direc*-ción, *tene*-r ~ *teng*-o ~ *tuv*-e

　このような音韻上の部分的な変化ではなく形式が全面的に入れ替わる場合もある. これを補充（suplencia）と言い，その異形態を補充形態（morfo suplente）と言う：*se*-r ~ *so*-mos ~ *éra*-mos ~ *fui*-mos; *i*-r ~ *voy* ~ *fui*

　異形態の交替は音韻的に条件付けられている場合とそうではない場合がある. 前記の名詞複数を表す形態素の異形態 /-s/ ~ /-es/ の交替は，それが付加される名詞の語末が母音か子音かによって決定される. したがって，音韻的に条件付けられた交替である. しかし，*tene*-r ~ *teng*-o ~ *tuv*-e のような交替は音韻的に条件付けられた交替ではなく，時制・人称のような文法的範疇に従った形態論的交替である.

── 6 ──

1.4.4. 特殊な形態

形態素とそれを表示する形態との関係が特異な様相を示す場合がある.

1) 重複形態（morfo acumulativo o superpuesto）または融合形態（amalgama）—— 一つの形態が二つ以上の形態素を表示する場合である. 例えば, 動詞の活用形 cantá-ba-mos において形態 /-ba-/ は法・時制（直説法・未完了過去）, 形態 /-mos/ は人称・数（1 人称・複数）をそれぞれ同時に表していると想定される.

2) ゼロ形態（morfo cero）—— 形態素が表示する形態を持たない場合で, 理論上の仮定的な形態である. 前記の名詞複数を表す形態素は casa-s および pared-es ではそれぞれ形態 /-s/ および /-es/ で表示されるが, これと並行すると考えられる複数形 (los) lunes-ø ではゼロ形態 /-ø/ で表示されていると仮定される.

1.4.5. 形態素の種類

形態素には単独で語を構成し, 発話に現れるものがある. 例えば, スペイン語の papel（紙）や lápiz（鉛筆）, pero（しかし）など. このような形式を自由形態素（morfema libre）と呼ぶ. これに対し, 単独では語を構成できないものは拘束形態素（morfema ligado）と言う. 拘束形態素は必ず他の形態素と結合して発話に現れる. 例えば, bondad（善良さ）という語は拘束形態素 bon- と -dad によって構成されている. また, papeles という語は自由形態素 papel に拘束形態素 -es が結合している.

意味的に見ると, 形態素は語彙的意味を持つものと文法的意味を持つものに分けることができる. 例えば, animales という形式は animal と -es という二つの形態素から成り立っているが, 前者は「動物」という語彙的意味を担っている語彙的形態素（morfema léxico）, 後者は「複数」という文法的範疇を示している文法的形態素（morfema gramatical）と見なすことができる.

1.4.6. 語根と接辞

一般に語彙的形態素は語根（raíz）と呼ばれるものに相当する. 語根以外の形態素は接辞（afijo）と呼ばれる. papel, lápiz のような語は語根だけで成り立っているのに対し, bondad, papeles のような語は語根と接辞で構成されている. 語根は papel のように自由形態素の場合もあるし, bon- のように拘束

形態素の場合もある.

　接辞は，その機能から見ると，屈折接辞(afijo flexivo)と派生接辞(afijo derivativo)に分かれる．屈折接辞は papeles の -es，canto (私は歌う)の -o のように語根に付加されて文法的機能を示す形式であり，スペイン語ではこのように語根の後に付加されるため屈折語尾または変化語尾とも呼ばれる．これに対し，派生接辞は maldad, malicia に現れる -dad, -icia のようにある語根に付加されて別の語を作り出す形式である．屈折接辞は文法的形態素であるが，派生接辞は単に文法的機能を担うだけではない．例えば，explicable (説明可能な)，movible (動かせる)の -ble は「可能な」ことを示し，nadador (泳者)，vendedor (販売員)の -dor は「行為者」の意味を表す．したがって，派生接辞は文法化された語彙的形態素と見なすことも可能である．

1.4.7. 基体と屈折語尾

　名詞，形容詞，動詞のように屈折，すなわち語形変化する形式は基体と屈折語尾に分節することができる．基体(base)はすべての屈折形式の中で変化しない分節，言い換えるとすべての変異形の中で共通の一つ以上の形態素からなる部分である．これに対し，変化する部分が屈折語尾または変化語尾(desinencia, terminación)である．基体は自由形態素(語根)だけで構成される場合とさらに拘束形態素が結合して構成される場合があり，それに屈折語尾が付加される．屈折語尾は一つ以上の拘束形態素(屈折接辞)で構成される．

1.4.8. 付加位置による派生接辞の種類

　派生接辞は，それが付加される語，すなわち語基に対する位置によって接頭辞，接尾辞，接中辞，両面接辞および貫通接辞に分類される．この他に接中辞と紛らわしいものとして挿入辞と呼ばれる接辞がある．貫通接辞(transfijo)は語の内部に挿入される不連続の接辞で，アラビア語・ヘブライ語などセム系の諸言語に見られる．例えばアラビア語の語根 k-t-b から動詞 kataba (彼は書いた)を派生させる母音の要素 a-a-a である．スペイン語には存在しないのでここでは取り上げない．

A. 接頭辞および接尾辞

　接頭辞(prefijo)は語基の前に付加される接辞である．これに対し，接尾辞(sufijo)は語基の後に付加される接辞である．どちらもスペイン語では語形

成のためによく利用される．これらについては接辞付加の項（§9）で詳しく取り上げる．

　　《接頭辞》 *de*-volver, *en*-volver, *re*-volver

　　《接尾辞》 americ-*ano*, pescad-*ero*, univers-*al*

B. 接中辞および挿入辞

　接中辞（infijo）は語基の内部に挿入される接辞である．これにより語基は分断され，不連続な形式に変わる．典型的な接中辞は，タガログ語に見られる行為者焦点接辞 -um- のような文法的機能を果たす要素である：kanta（歌）+ -um- > k-*um*-anta（歌う）．スペイン語で接中辞を認めるかどうかは議論のある問題である．スペイン語でしばしば接中辞として扱われることがあるのは縮小辞 -it(o) である．これが固有名詞や副詞に付加される場合を見ると，語基を分断しており，確かに接中辞的であると言える：Carlos［男子名］> Carl-*it*-os, lejos（遠くに）> lej-*it*-os, cerca（近くに）> cerqu-*it*-a．しかし，Miguel［男子名］> Miguel-*ito*, tarde（午後）> tarde-*cita* のような例を見ればまったく接中辞的ではなく，通常の接尾辞らしく語基の後に付加されている．この問題については評価辞の項（§9.5）で再検討することにしたい．

　接中辞と紛らわしいものに挿入辞（interfijo）または中間接辞と呼ばれるものがある．この用語は研究者によって使い方に相違があり，RAE（2009: §1.5p）は挿入辞と接中辞を区別せずにすべて接中辞（infijo）としている．しかし，スペイン語で問題とされる挿入辞は本来の接中辞のように語基を分断するようなものではないので区別する必要がある．スペイン語で挿入辞と呼ばれるものには2種類ある．その第1は複合語の二つの構成素すなわち語根の間に挿入されるもので，語根間挿入辞（interfijo interradical）とも呼ばれる．その代表的なものは -i- である：oj-*i*-negro（黒目の），pel-*i*-rrojo（赤毛の）

　第2は語根と派生接尾辞との間に挿入されるもので，接尾辞前挿入辞（interfijo antesufijal）とも呼ばれる．例えば，次の -ar- のような形式である：polvo（ほこり）> polv-*ar*-eda（土煙），hoja（葉）> hoj-*ar*-asca（落ち葉）．挿入辞はしばしば無意味な形式，すなわち虚形態（morfo vacío）とされることがあるが，実際には語基の意味的ニュアンスを変えたり，形態論的に語根と直接結合することが許されない接尾辞の前に介在して結合させたり，直接接尾辞が付くと語基の認識が難しくなるのを防ぐために介在するなどの機能を果たしている．この種類の挿入辞は，その後に必ず接尾辞が来るので，接尾

辞を拡張してその異形態を形成する機能を果たしていると考えることができる．この種の挿入辞には名詞・形容詞の語根に付くものと動詞の語根に付くものがあり，重複して挿入されることもある．名詞・形容詞の語根に付く主なものは前記の -ar- のほかに -ad-, -al-, -arr-, -ec- /-eθ-/, -ot- などがある：enfado > enfad-*ad*-izo（怒りっぽい），pata > pat-*al*-eta（大げさな不満の表明），mosca > mosc-*arr*-ón（ウマバエ），pie > pi-*ec-ec*-ito（足），mano > man-*ot*-ada（平手打ち）．動詞語根に付く主なものは -aj-, -arr-, -et-, -isc-, -orr-, -ot- などである：pintar > pint-*arr-aj*-ar（塗りたくる），correr > corr-*et*-ear（駆け回る），morder > mord-*isc*-ar（少しずつかじる），beber > beb-*orr-ot*-ear（ちびちび飲む），bailar > bail-*ot*-ear（踊り狂う）

　この他に不規則動詞の活用形で語根に挿入される要素，poner > pongo の -g- のような分節が挿入辞とされることもある．この要素は形態論的には分節可能であるが，特定の意味や機能を持つ形態とは認め難い．動詞の語根 pon- の異形態として pong- を認めれば十分であり，-g- をあえて分離する必要はないと考える．

C. 両面接辞

　両面接辞（circunfijo）は語基の前後を取り囲む不連続の接辞である．接周辞とも呼ばれる．両面接辞の一つの例はドイツ語で動詞から過去分詞を形成する ge-...-t である：machen（作る）> *ge*-mach-*t*．スペイン語で両面接辞を認めるかどうかについては議論がある．一部の論者は名詞や形容詞から動詞を派生される接辞の組み合わせを両面接辞と見なす．例えば，a-...-a(r), en-...-ece(r) のような形式である：largo（長い）> *a*-larg-*a*-r（延長する），rico（豊かな）> *en*-riqu-*ece*-r（豊かにする）．しかし，これらの要素は常に同じ組み合わせで出現するわけではなく，組み合わせが変わることもあり，またそれぞれ独自の接頭辞または接尾辞として働くこともある：húmedo（湿った）> humed-*ece*-r（湿らせる），muñeca（人形）> *a*-muñecado（人形のような），camino（道）> *en*-camin-*a*-r（向かわせる）．こうした点を勘案すれば，これらの形式はそれぞれ独自の機能を持って振る舞っているが，一定の場合には組み合わされて同時に付加されると考えることができる．つまり，伝統的に複接派生（parasíntesis）と呼ばれる手段，つまり接頭辞と接尾辞の同時付加と見るのが妥当であろう．

1.5. 語

1.5.1. 語の特徴

　形態論の基本的な単位は語と形態素である．近代言語学では語は定義が困難であるとされ，いわば公理的な単位として厳密に定義されないまま用いられてきた．すなわち，語は個別言語の慣習的な概念であり，分かち書きする言語では正書法に依存するところが大きいと考えられてきたのである．このために，現代の言語学の一部では語ではなく形態素を基本単位とする文法記述，あるいは語と形態素のレベルを区別しないような文法記述も行われてきた．しかし，語はどんな言語にも存在する普遍的な単位である．日本語のように分かち書きをしない言語でも，話者は文の中から語を取り出すことにそれほど大きな困難があるわけではない．どんな類型に属する言語でも母語話者には語を認定することが可能である．

　語（palabra）は形態論の最大の単位であり，統語論の最小単位である．統語論の最小単位としての語はより上位の単位である句を構成する．一方，形態論の最大単位である語はより下位の単位である形態素に分析することができる．このように語は句と形態素の中間の階層にある単位であるから，より上位の構成素である句または文のような連辞（sintagma）に対する関係とより下位の構成素である形態素に対する関係，言い換えればその内部構造の両面から語を特徴づけることができる．

A. 語の音韻的特徴

　語を特徴づける最も重要なものは，その音韻的なまとまり，すなわち音韻的結束性（coherencia fonológica）である．スペイン語の場合，次のような特徴が見られる．

1）潜在的休止の存在 —— 発話の中で語の前後には休止を入れることが可能である．語と語の間には休止を入れることができるが，語の内部を分離して休止を入れることはできない．

2）アクセント的単一性 —— 発話から取り出され，孤立した語にはその中の　つの音節だけに必ず強勢アクセントがある．

3）語頭および語末の音素の制約 —— 語頭および語末に現れる音素には制約がある．スペイン語では外来語などの例外を除くと，原則として語頭および語末の位置には次のような音素または音素結合しか許されない．

《語頭》単母音および二重母音 (ala, oro, aire, euro)，/ɾ/（はじき音）を除く単子音 (pan, boca, tiempo, cabeza)，閉鎖音 /p, b, t, d, k, g/ または唇歯音 /f/ と流音 /ɾ/ または /l/ で構成される 2 子音の結合，ただし /dl/ は除く (precio, brazo, claro, flor)．

《語末》単母音，二重母音および三重母音 (boca, ojo, rey, guau)，6 子音 /d, n, ɾ, l, θ, s/ のうちのいずれか (verdad, orden, labor, voz)．単母音は /a, o, e/ が最も普通で，その他の母音は少ない．総じて語末に現れる音素は語中の音節末よりも種類が限られている．ただし，外来語には例外がある．

B. 語の形態的特徴

語の内部構造を見ると，次のような形態的なまとまり，結束性が見られる．

1）構成素の固定性 —— 語を構成する形態素の順序は固定していて位置を並べ変えることはできない．

2）構成素の不可分性 —— 語を構成する形態素を分離して別の語を挿入することはできない．

C. 語の統語的特徴

語はより上位の単位である連辞の中で次のような特徴を示す．

1）分離可能性 —— 語はその前後に休止を入れることが可能であるが，その結果として語と語の間には別の語を挿入することが可能である．ただし，これには統語上の制約がある．

2）位置の可変性 —— 語は分離可能であるがゆえに連辞の中で語の位置を変えることが可能である．ただし，これにも統語上の制約がある．

D. 語の正書法的特徴

スペイン語の正書法では語はその前後にスペースを置いて書かれる．つまり，語は分かち書きされる．ただし，後述のように語の一部である付属語はその例外を見せる場合がある．正書法があって語が定まるわけではないが，正書法上の分かち書きが母語話者の語意識を反映して成立していることは疑いようがない．

以上のほかに語には意味的な特徴，すなわち意味的まとまり，単位性があるとする説もある．しかし，意味的なまとまりとか一まとまりの意味概念というものを定義することは不可能である．語には固有の意味，語義があることは認められ，それを記述することも可能であるが，意味論的に語という単

1．形態論とその単位

位を定義することは不可能であると言うしかない.

1.5.2.　自立語と付属語

　語の中には単独で発話を構成できるもの, つまり自立語(palabra independiente)と必ず自立語と共起しないと発話を構成できないもの, つまり付属語(palabra dependiente)がある. 例えば, lugar (場所), madera (木材), perro (犬)のような名詞や esperar (望む), saber (知っている), permitir (許す)のような動詞, antes (前に), pronto (まもなく), allí (あそこに)のような副詞は自立語である. これに対し, el, la のような定冠詞, mi, tu, su のような所有形容詞前置形は必ず名詞と共起して現れ, 単独では現れない付属語である. 自立語は, 音韻論的には発話の中で強勢を持つ語, つまり強勢語 (palabra acentuada)として現れ, 付属語は無強勢語(palabra inacentuada)として現れるのが普通である. ただし, 発話の中で常に自立語が強勢語となるわけではない.

　付属語は接語(clítico)とも呼ばれ, スペイン語では必ず自立語である名詞および代名詞などの名詞相当語または動詞とともに現れる. 接語は1音節からなるものが多く, 音韻的には無強勢で, 発話の中で隣接する強勢語とともに一まとまりのアクセント句(grupo acentual)を構成する. このように接語とともに現れ, 接語が付属する自立語はホスト(*host*, hospedero)と呼ばれる. 接語とホストで構成される連辞を接語句(grupo clítico)と呼ぶことにする.

　接語はホストの前または後ろに現れるが, その位置は統語的に定められている. 直前のホストと接語句を構成するものを前接語(enclítico), 直後のホストと接語句を構成するものを後接語(proclítico)と呼ぶ.

　スペイン語には名詞(および名詞相当語)をホストとする接語と動詞をホストとする接語がある.

　　1）名詞に付く接語

　　　　定冠詞：el, la, los, las, lo

　　　　所有形容詞前置形（1・2人称複数形を除く）：mi, tu, su

　　　　前置詞：a, ante, bajo, con, contra, de, desde, durante, en, entre, hacia,
　　　　　　　　hasta, mediante, para, sin, sobre, tras

　　2）動詞に付く接語

— 13 —

人称代名詞・再帰代名詞無強勢形，すなわち接語代名詞（pronombre clítico）：me, te, lo, la, le, nos, os, los, las, les, se

以上のうち，名詞に付く接語のグループは常に後接語であるが，動詞に付く接語のグループは前接語になる場合と後接語になる場合がある．

1.5.3. 単純語と合成語

形態論的に見て一つの形態素から構成されている語を単一形態素語（palabra monomorfémica）または単純語（palabra simple）と呼び，二つ以上の形態素から構成されている語を多形態素語（palabra polimorfémica）または合成語（palabra compleja）と呼ぶ．例えば día（日），cielo（空），de（の，から）などは単純語である．これに対し，合成語に含まれるのは tristeza（悲しさ），personal（個人的な）のように -eza, -al などの派生接辞が付加された派生語，bocamanga（袖口），girasol（ヒマワリ）のような二つ以上の語が結合した複合語および niño-s（子どもたち），blanc-o-s（白い［男性複数］）のように屈折接辞が付いて語形変化をしている屈折語（palabra flexionada）である．

1.6. 接語句

語と語が統語的に結びついた単位，連辞は一般に統語論で扱われる単位である．しかし，形態論でも扱うべき連辞が存在する．その一つが前記の接語句である．接語句は接語とそれに隣接するホストとで構成される連辞である．接語句は語よりも上位の連辞であるが，統語的な句（grupo sintáctico）よりは下位にあり，語と句の中間に位置づけられる．接語は単独で発話に現れることはできず，接語句の中で強勢を持たない．接語句はあたかも一つの語のように一つのアクセント句を構成するが，接語とホストの間に休止を入れることは可能である．また，名詞に付く接語による接語句の場合は接語とホストの間に別の語を挿入することも可能である．これらの点は語を構成する拘束形態素の接辞とは異なっている．

語順に関して名詞に付く接語は常に後接語として働く：el mundo（世界），la tierra（大地，地球）；mi casa（私の家），tus perros（君の犬たち）．後接語がホストの前で連続することもある：a la calle（通りへ），en el jardín（庭園で），con mis compañeros（私の仲間たちと）．接語とホストの間に別の強勢

1. 形態論とその単位

語を挿入することも可能であり，その場合は挿入された語がホストに変わる：a *mi* amigo（私の友だちに）→ a *mi* viejo amigo（私の旧友に）．この場合，接語はあくまで名詞句の主要部である名詞を修飾する機能を持つが，音韻的には直後のホストとアクセント句を構成することになる．

　一方，動詞に付く接語，すなわち接語代名詞は前接語となる場合と後接語になる場合があり，次のような統語規則に従う．

1）ホストが定形動詞の場合および否定の命令形の場合は接語代名詞は後接する：*te* espero（私は君を待つ），*me lo* entrega（彼は私にそれを渡す）；no *me lo* digas（私にそれを言うな，まさか）

2）動詞が無人称形の場合および肯定の命令形の場合は前接する：hablar*me*（私に話すこと），mostrándo*lo*（それを示しながら）；tóma*lo*（それを取りなさい）．正書法上では，後接の場合は接語代名詞と動詞との間にスペースを置く（分かち書きをする）が，前接の場合は切れ目なく1語として書かれる．

3）動詞が複合動詞句（perífrasis verbal）を構成している場合は，その中の動詞無人称形に対し前接するか，定形動詞に対し後接するか，どちらも選択可能である：voy a ver*la* / *la* voy a ver（私は彼女に会うつもりだ）；estoy aprendiéndo*lo* / *lo* estoy aprendiendo（私はそれを勉強しているところだ）

接語代名詞は二つ以上連続することもあるが，その場合の語順も統語的に定まっており，与格が対格に先行する：*me lo* enseña（彼は私にそれを教える）/ enseñár*melo*（私にそれを教えること）．名詞に付く接語と異なり，接語代名詞と動詞のホストとの間に別の強勢語を挿入することはできない．

＜参考1＞　生成文法における形態論

　狭い意味での文法（形態統語論）を形態論と統語論に分けるのは構造言語学的な考え方である　1960年代以降に発展する生成文法理論では形態論の位置づけは歴史的に変遷していて未だに一定していない．かつては変形論的立場が有力で，形態論には自立性がなく，とりわけ語形成は統語論で扱われるものとされた．これに対し，語彙論的（*lexicalist*）立場では語と句のレベルは異なるとし，屈折などの形態的な問題は語彙部門で扱われるとした．つまり，形態論を統語論から切り離した．この考え方は生成文法の創始者であ

― 15 ―

るチョムスキーが支持したこともあって 80 年代以降有力となった．しかし，その後また形態論の自立性を否定し，特に語形成は統語論の規則で生成されるものであるとする主張が復活している．その代表的な理論は 90 年代以降の分散形態論 (*distributed morphology*) である．いずれにせよ，生成文法は統語論に優位性を置き，形態論の自立性を認めないという点でかなり特異な文法理論であると言える．

2．派生と屈折

2.1. 派生および屈折とは

　派生（derivación）とはある語から別の語を作り出す方法の一つである．派生にはいくつかの方法があるが，その中心的なものは，ある語に特定の接辞を付加して別の語を形成する接辞付加である．派生により形成された語を派生語（palabra derivada, derivado）と言う．派生にかかわる接辞は派生接辞である．これに対し屈折（flexión）は，ある語が発話中における文法的機能に応じてその形式を変化させることであり，語形変化とも言う．ある語に一定の集合に属する接辞が付き，変化形（variantes）を作り出す．この接辞は屈折接辞であり，それが付いて作り出された変化形の集合が屈折変化表を構成する．

2.2. 派生と屈折の相違点

　スペイン語において派生と屈折を比較すると，次のような相違点がある．

1）派生は語彙的意味や語類（品詞）を変えることがあるが，屈折がそれを変えることはない．例えば派生の場合，Europa［名詞］> europ-eo（［形容詞］ヨーロッパの）> europe-izar（［動詞］ヨーロッパ化する）> europeiza-ción（［名詞］ヨーロッパ化）．屈折の場合,語類は変わらない：bombero（消防士）→ bombero-s［名詞］；cantar（歌う）→ cant-o / cant aba / cant é［動詞］

2）接辞の付加に関して屈折接辞は派生接辞よりも後に付く．例えば，bomberos という語では -ero は語根 bomb- に付く派生接辞，その後の -s は複数を示す屈折接辞である．派生接辞と屈折接辞の付く順序が逆転することはない．

3）派生接辞は新しい語を形成するため重ねて付加することができる：

acto（行為）＞ act-ivo（活動的な）＞ activ-ista（活動家）．しかし，屈折接辞はその文法範疇に従い，重ねられる接辞に制約がある．名詞の屈折の場合，付加できるのは複数を示す接辞のみ：naranja（オレンジ）→ naranja-s. 動詞の場合，語幹に付加されるのは法・時制および人称・数を表す最大二つの接辞のみである：hablar（話す）→ habla-mos / hablá-ba-mos / habla-re-mos. この意味で派生は拡張の可能性が開かれているのに対し，屈折は閉鎖的である．

4）屈折により生じる形式，つまり屈折形式の意味は予測可能であり，規則性がある．一方，語基とそれから派生により生じた派生語の意味の間には一貫した規則性はない．

5）屈折は文法範疇の枠に従って自動的に行われ，語形変化表の枠内で自由に行われる：clar-o（明るい）/ clar-a / clar-os / clar-as；oscur-o（暗い）/ oscur-a / oscur-os / oscur-as. 一方，派生はさまざまな要因の干渉を受け，どの語基に対しても自由に行われるわけではない．つまり生産性に制約がある：fácil（容易な）＞ facil-itar（容易にする）/ *facil-ar / *facil-izar / *facil-ificar / *facil-ear

---

＜参考２＞　形態論的な言語類型

　19世紀ドイツの言語学者シュライヒャー（August Schleicher）は世界の言語をその形態論的特徴から孤立語，膠着語，屈折語の３類型に分け，言語はこの順に段階を踏んで発展すると主張した．孤立語（lengua aislante）とは語が語形変化をせず語順や文脈によって文法機能を示す言語で，中国語，タイ語などがこれに属する．膠着語（lengua aglutinante）とは語に接辞を結合させることによって文法機能を示す言語で，トルコ語や日本語などがこれに属する．屈折語（lengua flexiva）とは語が語形変化をすることにより文法機能を示す言語で，文法機能は語に組み込まれていて形態素に分析するのは難しい．古代のサンスクリット語，ギリシャ語，ラテン語，現代の英語，スペイン語など印欧諸語がこれに属する．シュライヒャーの学説はダーウィンの進化論とも結びつき，欧州人の自文化中心主義的な言語感を満足させるものであったので広く受け入れられた．しかし，今日ではそのような段階的発展説は根拠のないものとして否定されており，またどの類型の言語にも単純な類型論では割り切れない部分があることが明らかとなっている．例えば，現代中国

2. 派生と屈折

語は膠着語的特徴が増えているし，逆に英語は語形変化をほとんど失って孤
立語的な様相が強まっている．しかし，この古典的類型論は単純であるだけ
にわかりやすく，今でも言語の分類によく引用される．現在では上記の3類
型に複統合語 (lengua polisintética) を加えるのが普通である．この類型は語
彙的形態素に多数の接辞が結合して文に相当するような複雑な形態構造を持
つ語を作る言語で，エスキモー語など北米やシベリアの言語に見られる．

3．名詞の語形変化

3.1．名詞の基体と語尾

スペイン語の名詞は性と数の文法範疇を持っている．性 (género) はそれぞれの名詞に固有の特徴であるが，数 (número) は，基本的には指示対象の個数を反映するもので，それが複数の場合，名詞は語形変化を行う．すなわち，例外的な単複同形の名詞を除くと，名詞は複数形の場合だけ基体に複数を表す変化語尾が付加される：mesa（テーブル）> mesa-s，habitación（部屋）> habitacion-es

名詞の基体は無強勢母音で終わるもの (libro, casa, carne)，強勢母音で終わるもの (sofá, café, jabalí) および子音で終わるもの (papel, color, orden) がある．人間・動物を表す有生名詞 (sustantivo animado) の中には語尾によって性が示されていると見られるものがある：hijo（息子）/ hija（娘），hermano（兄弟）/ hermana（姉妹），perro（雄犬）/ perra（雌犬）．いずれも文法的な男性・女性の区別と生物学的な性別 (sexo) が一致しているが，性を示しているのは語末の -o / -a であると考えられる．したがって，このように性交替を示す名詞の語末の -o / -a は性標識 (marca de género) と見なすことができるだろう．また，形容詞の中には amigo（仲のよい），guapo（きれいな）のようにそのままの形式で名詞に転用されるものも少なくない：amigo（男の友人）/ amiga（女の友人），guapo（美男）/ guapa（美女）．しかし，性交替は -o / -a の形式に限らない．gallo（おんどり）/ gallina（めんどり），alcalde（市長）/ alcaldesa（女性市長），actor（男優）/ actriz（女優）のような対立もある．このような名詞の性の交替関係は屈折の問題ではなく，派生の問題である．つまり，これらの女性名詞は基本形である男性名詞に -a, -ina, -esa, -triz のような女性を表す接尾辞が付いて派生したものと考えることができる．

一方，無生名詞 (sustantivo inanimado) の場合も -o で終わる名詞は男性であることが多く，-a で終わる名詞は女性であることが多い：[男性] tiempo

— 20 —

（時間）, mundo（世界）, ojo（目）/［女性］casa（家）, vida（生命）, hora（時間）.
しかし，語末母音 -o を男性の標識，-a を女性の標識と決めてしまうのには
問題があり，どちらにも例外がある：［女性］mano（手）/［男性］mapa（地図），
drama（ドラマ）. また，-e で終わる名詞の場合は男性が多いが，女性も少な
くない：［男性］nombre（名前），peine（くし）/［女性］carne（肉），noche
（夜）. 要するに，無生名詞の性は語尾によって示されているわけではなく，
名詞そのものが文法的特徴として固有の性を持っていると見るべきである.
これは無生名詞に限らず性交替を行わない有生名詞にも言えることである.

　スペイン語の名詞は無強勢母音 -o, -a, -e で終わるものが多数を占めるが，
これらの語末母音を語標識（marca de palabra）あるいは名詞標識（marca
nominal）と見なす主張がある. しかし，これらの母音に特定の機能がある
と想定するのは困難である. 前記のとおり，-o と -a をあらゆる名詞につい
て性の標識と見なすことはできないし，まして -e は性標識とは言えない.
性とは直接関連しない名詞の標識であるとするのも無理がある. 名詞の中に
はこれらのいわゆる名詞標識を持たないものも多数あるからである：amor
（愛），ciudad（都市），fin（終わり），café（コーヒー）. ただし，名詞の語末
母音は接尾辞が付加されると削除され，また名詞に縮小辞または拡大辞のよ
うな評価辞が付加されると語末母音のみが切り離されて評価辞の後に移動し
たと見なすこともできる：libro（本）+ -it- > libr-it-o（小冊子），casa + -on- >
cas-on-a（屋敷）. こうした点を考慮すると，語末母音を形態論的分節として
扱い，語根を拡張する付随的要素と見ることは可能であろう.

　ところで，動詞から名詞を派生させる手段として動詞語幹に母音 -o, -a, -e
を付加する方法がある：pagar（払う）> pago（支払い）. この場合の語末母音
は派生接尾辞の一種として取り扱う（§9.2.2）.

3.2. 名詞の性と数

　名詞や動詞のように屈折を行う語は，屈折を引き起こす契機となる文法的
特性によって分類することができる. この分類を文法範疇（categoría
gramatical）と呼ぶ. 文法範疇には名詞，形容詞，代名詞にかかわる名詞的
範疇と動詞にかかわる動詞的範疇がある. スペイン語を含む印欧諸語に一般
的な名詞的範疇には性，数，格があり，動詞的範疇には法，時制，アスペク

語形変化・語形成

ト，人称・数がある．

スペイン語の名詞にかかわる文法範疇は性と数である．名詞には男性 (masculino) と女性 (femenino) の二つの性 (género) がある．一方，限定詞と代名詞には男性・女性のほかに中性 (neutro) が存在する．名詞の性はその名詞に固有の文法的特徴であるが，形容詞や限定詞，数量詞の性は，それらが修飾する名詞との呼応 (concordancia) によって一致が要求される．

数 (すう, número) は名詞の指示対象の数 (かず) を表す範疇で，単数 (singular) と複数 (plural) が対立する．典型的には，単数は一つの個体を表示し，複数は二つ以上の個体を表示する．名詞には数えられるもの (可算名詞) と数えられないもの (不可算名詞) が存在するが，不可算名詞も可算名詞と同じく，無標 (no marcado) の形式は単数形である．名詞と代名詞の数は，その指示対象が一つまたはそれ以上存在することを示すので情報提供的 (informativo) であるが，形容詞や限定詞，数量詞の数は性と同じく呼応によって表示が要求されるものであり，単なる呼応の標識である．性と数の呼応によって名詞とそれに隣接する語との修飾関係および名詞とそれら修飾語で構成される名詞句の境界が明示されることになる：*una buena* vista (よい眺め)，*un* punto *de vista político* (政治的観点)．このように性と数は統語関係の表示に関与し，それを明らかにするのに役立つ．

3.3. 名詞の数変化

3.3.1. 一般的原則

名詞の単数形は特別の標識を持たないのに対して，複数形は複数接辞 -s または -es が単数形に付加されて構成される有標 (marcado) の形式である．例外的に数変化をせず，単数と複数が同形の名詞も存在する．単数形から複数形を作る語形変化には次の規則が見られる．

1) 無強勢母音および強勢母音 -á, -é, -ó で終わる語には -s が付加される．

casa (家) → casas, base (基礎) → bases, taxi (タクシー) → taxis, barco (船) → barcos, espíritu (精神) → espíritus, sofá (ソファー) → sofás, café (コーヒー) → cafés, dominó (ドミノ) → dominós

ただし，強勢母音で終わる語には -es を付加する少数の例外がある：

faralá (すそ飾り) → faraláes, no (「いいえ」という返事) → noes,

— 22 —

3．名詞の語形変化

　　　　yo（自我）→ yoes

2）強勢母音 -í, -ú で終わる語には -es が付加するのが普通であるが，-s
を付加することも可能である．

　　　　jabalí（イノシシ）→ jabalíes / jabalís，esquí（スキー板）→ esquíes /
　　　　esquís，bambú（竹）→ bambúes / bambús，tabú（タブー）→ tabúes /
　　　　tabús

一般に -es の方が改まった形式とされ，特に住民名を表す名詞（住民名詞）
はこちらが普通である．

　　　　israelí（イスラエル人）→ israelíes，iraquí（イラク人）→ iraquíes，
　　　　hindú（ヒンズー教徒）→ hindúes

また，名詞化した sí（「はい」という返事）も -es をとる：síes．他方，借
用語に由来する形式には例外的に -s だけをとる場合も見られる：

　　　　cañí（ロマの）→ cañís，gachí（女）→ gachís，popurrí（メドレー）→
　　　　popurrís，menú（メニュー）→ menús

3）単母音で終わる単音節語は，-s が付加される．

　　　　fe（信仰）→ fes，pro（利益）→ pros，té（茶）→ tés

しかし，アルファベットの母音字名は -es が付加され，e のみ -s が付加
される：

　　　　a（A）→ aes，i（I）→ íes，o（O）→ oes，u（U）→ úes，e（E）→ es

子音字名には原則どおり -s が付加される：

　　　　be（B）→ bes，efe（F）→ efes，ka（K）→ kas，uve doble（W）→
　　　　uves dobles

しかし，q は南米のチリなどでは -es が好まれる：cu（Q）→ cus / cúes

4）二重母音で終わる語は正書法上 -y で終わるかどうかで変化が異なる．
正書法上 -y で終わっていない語は -s が付加されるのが原則である．

　　　　samurái（武士）→ samuráis，cui（テンジクネズミ）→ cuis，bou（引
　　　　き網船）→ bous，pie（足）→ pies

一方，-y で終わる語には -es が付加される．

　　　　buey（去勢した雄牛）→ bueyes，ley（法）→ leyes，convoy（輸送船
　　　　団）→ convoyes

ただし，歴史の浅い借用語の中には完全にスペイン語化していないため
語尾に -y が書かれる場合もあり，そのような語は複数形で -s が付加さ

— 23 —

れ，綴り字を書き換えるのが原則である：

> gay（ゲイ）→ gais，espray（スプレー）→ espráis，jersey（セーター）→ jerséis

中には過渡的な段階にあって両方の形式が共存している場合もある：

> guirigay（大騒ぎ）→ guirigáis / guirigayes，estay（支索）→ estáis / estayes，noray（繋船柱）→ noráis / norayes

5）子音で終わる語は，スペイン語の語末子音として一般的な -l, -r, -n, -d, -z, -j で表記される語尾を持つ場合，-es が付加される．

> papel（紙）→ papeles，flor（花）→ flores，pan（パン）→ panes，edad（時代）→ edades，reloj（時計）→ relojes

このうち -z で終わる語は複数形で正書法上の書き換えが必要で，-z- を -c- に書き換える：

> pez（魚）→ peces，lápiz（鉛筆）→ lápices，voz（声）→ voces

6）子音で終わる語のうち -s または -x で表記される語尾をもち，語末音節に強勢がある語(末尾音節強勢語)は単音節語を含め -es が付加される．

> compás（コンパス）→ compases，mes（暦月）→ meses，inglés（イギリス人）→ ingleses，tos（咳）→ toses，fax（ファックス）→ faxes

しかし，語末音節が無強勢の場合は無変化である．

> paraguas（傘），viernes（金曜日），crisis（危機），caos（混沌），tifus（チフス），bíceps（二頭筋），clímax（クライマックス）

この中にはギリシャ語・ラテン語に由来するかなり多数の学識語 (cultismo)が含まれる：análisis（分析），diabetes（糖尿病），síntesis（総合），tesis（学位論文）．学識語の中には単音節語でありながら無変化の例外もある：dux（ドージェ［ヴェネツィア・ジェノア共和国の元首］）．また，語末が -s で終わる強勢音節を持つ語であっても，その -s が複数形に由来する複合語の場合は，例外的に無変化である：buscapiés（ねずみ花火），ciempiés（ムカデ）．ちなみに，単複同形の語は限定詞や修飾語の呼応によって複数であることが示される：estos paraguas（これらの傘），los viernes（毎週金曜日）

7）上記5）と6）で取り上げた以外の子音で終わる語は原則として -s が付加される．

> chip（［電子部品の］チップ）→ chips，cenit（天頂）→ cenits，cómic

3．名詞の語形変化

（漫画本）→ cómics, déficit（赤字）→ déficits, esnob（スノッブ）→ esnobs

これら語の大部分は借用語およびラテン語からの学識語であるが，一部擬態語もある：tictac（チクタク）→ tictacs, zigzag（ジグザク）→ zigzags. しかし，この規則には例外があり，-es が付加される語も少数ある：club（クラブ）→ clubs / clubes, imam（イマーム）→ imames, álbum（アルバム）→ álbumes. -ch で終わる語は -es を付加するものと無変化のものがある：sándwich（サンドイッチ）→ sándwiches, crómlech（環状列石［無変化］）

8）子音群で終わる語はすべて借用語であり，6）で取り上げたものを除き原則として -s が付加される.

gong（どら）→ gongs, iceberg（氷山）→ icebergs, kart（ゴーカート）→ karts, récord（スポーツ記録）→ récords

しかし，子音群が -s で終わる場合は -es が付加される：vals（ワルツ）→ valses. 複数で -s を付加すると３子音以上の子音群となり，それがスペイン語の音韻構造上で発音しにくい場合は無変化となるのが普通である：karst（カルスト），kibutz（キブツ），test（テスト），trust（トラスト）

3.3.2. 数変化による強勢移動

名詞・形容詞の数変化では語尾変化が起きるだけで強勢位置の変化は生じないのが原則である．ところが，末尾第３音節強勢語（終わりから３番目の音節に強勢のある語）で -n で終わる次の２語は，複数形で例外的に強勢音節が一つ後ろに移動する：espécimen（見本）→ especímenes, régimen（体制）→ regímenes. スペイン語の強勢配置の原則では強勢位置が後ろから３番目よりも前にさかのぼることは許されないため，複数形で音節が増えると強勢位置が元の音節より後に下がるのである．ただし，cómetelo（それを食べてしまえ）のような接語句の場合は除く．この他に例外的なものとして末尾第２音節強勢語なのに複数形で強勢音節が後方に移動する例が一つだけある：carácter（性格）→ caracteres

上記の例を除くと，-n で終わる末尾第３音節強勢の学識語や借用語は無変化が原則である：hipérbaton（転置法），cáterin / catering（ケータリング）．ただし，hipérbaton には変則的な複数形 hipérbatos も存在する．

— 25 —

3.3.3. 複合語の数変化

複合語は2語（まれには3語以上）が結合して構成される語である．このうち強勢の単一性が保たれ，正書法上も1語として書かれる固有複合語は数変化においても通常の語と変わりはない：casatienda（店舗兼用住宅）→ casatiendas．「動詞＋名詞の複数形」で構成される abrelatas（缶切り）のような型の固有複合語は無変化である．正書法上ではハイフン付きで書かれるのが普通である並置複合語は，後の構成素の語末が変化する：marxista-lenista（マルクス・レーニン主義者）→ marxista-lenistas．guardia civil（治安警備隊員）のような語連接の数変化については語連接の項で取り上げる（§11.2）．

3.3.4. 略語の数変化

ここで取り上げる略語とは短縮語，略号，頭字語および学術的文字記号である．これらの略語も通常の語と同様に数変化を行うのが原則であるが，正書法上つまり表記上の問題が生じる．

A. 短縮語

短縮語(acortamiento)とは語基の一部の音節，多くの場合は尾部を切り取って造られた語である．短縮語は一般の語と同じように数変化を行う：cine（映画館）→ cines，foto（写真）→ fotos，moto（オートバイ）→ motos．しかし，例外的に無変化の語もある：súper（スーパーマーケット）

B. 略号

略号(abreviatura)とは語または句の一部の文字だけを残して省略した表記で，省略符のピリオドが付き，読むときは元の語句に復元して発音するものである．したがって，数変化自体は一般の語や句と変わらないが，どのように表記するかが問題である．その表記は略号の省略の仕方によって相違がある．

　1) 短縮により語末を省略した表記の場合は -s が付加される．
　　　art.（artículo 項）→ arts.，pág.（página ページ）→ págs.，
　　　vol.（volumen 巻）→ vols.
　2) 語中が省略されている略号の場合は，母音で終わるものには -s，子音で終わるものには -es が付加される．
　　　depto.（departamento 部門）→ deptos.，Dra.（doctora［女性］博士）→ Dras.，admón.（administración 本部）→ admones.，Gral.（general 将

3. 名詞の語形変化

軍）→ Grales.

しかし，代名詞 Ud.（usted あなた）は例外的で，複数は Uds. と表記される．

3）一方，頭字だけを残した略号の場合，複数形の表記は，その頭字が重複される．

n.（nota 注）→ nn., s.（siglo 世紀）→ ss., t.（tomo 巻）→ tt.

2語以上からなる句または語連接の略号で頭字が残される場合も同様である．

aa. vv.（autores varios 共著者），EE. UU.（Estados Unidos アメリカ合衆国），JJ. OO.（Juegos Olímpicos オリンピック競技大会）

C. 頭字語

頭字語（sigla）とは名詞句（より正確には後述の語連接）を構成する語の頭文字だけを残して新たに造られた語で，1字ずつ文字名で読むか，可能な場合は全体を一つの語のように読む．前者を字名読み頭字語，後者を単語読み頭字語と言う（§12.4）．字名読み頭字語は大文字で書き，正書法上では数変化をしない．複数を示したい場合は限定詞に頼ることになる：los ONG（< organización no gubernamental 非政府機関），unos CD（< compact disc）．話し言葉では複数形が用いられることもあり，英語の影響で CDs や CD's と書く例もあるが，規範的には好ましくないとされる．単語読み頭字語も大文字で書くのが原則であり，やはり数変化をしない．しかし，単語として定着すると全部小文字で書かれることもあり，その場合は通常の語と同様に複数形が構成される：deuvedé（< 英 *digital versatil disc*, DVD）→ deuvedés, ovni（< objeto volante no identificado, UFO）→ ovnis

D. 学術的文字記号

学術的文字記号（símbolo alfabetizable）とは科学技術分野で用いられる専門語や計量単位の頭字を残して省略したもので，略号の一種であるが，その大部分は国際的に規格化されており，省略符は付けない．必要に応じ数変化を行うが，表記上は無変化のままである：4 km（kilómetros），15 m^2（metros cuadrados）

4．形容詞の語形変化

4.1. 形容詞の性・数変化

　形容詞は，それが修飾または叙述を行う名詞の性と数に呼応して語尾変化を行う．その屈折の仕方から見ると形容詞は次の3種類に分かれる．

　A. 〈第1類〉　性と数で変化するもの

　この類の形容詞で最も多数を占めるのは男性単数の語尾が -o となるもので，これが基本形すなわち辞書の見出し語の形式とされる：alto（高い），bajo（低い），bueno（よい），corto（短い），largo（長い），malo（悪い）．この型の形容詞は男性単数，女性単数，男性複数，女性複数の四つの語尾を持ち，次のように変化する：alt*o*, alt*a*, alt*os*, alt*as*

　この他に第1類に属するのは男性単数が -án, -ón, -és, -ín, -or, -ote, -ete で終わる形容詞である：charlatán（よくしゃべる），chillón（うるさい），barcelonés（バルセローナの），mallorquín（マジョルカの），motor（動かす），llanote（あけっぴろげな），regordete（小太りの）．例えば，子音で終わる barcelonés および母音 -e で終わる llanote は次のように語尾変化する：barcelon*és*, barcelones*a*, barcelones*es*, barcelones*as*; llanot*e*, llanot*a*, llanot*es*, llanot*as*．この中で -or の語尾を持つものは女性単数形として -ora の他に -riz の語尾も持っている：motora / motriz．複数形はそれぞれ motoras / motrices となる．ただし，現代では -riz 型の女性形の使用は非常に限られている．

　ところで，-és, -or の語尾を持っていても性変化しない例外もある：cortés（礼儀正しい），montés（野生の），superior（上の），mejor（よりよい）など．一方，地名形容詞の中には以上の語尾を持っていなくても第1類の変化を行うものがある：andaluz / andaluza（アンダルシーアの），español / española（スペインの）

　B. 〈第2類〉　数変化のみを行うもの

　この類は性の区別がなく，単数・複数の二つの語尾を持つだけである．こ

— 28 —

のグループで最も多いのは母音 -e で終わるものおよび子音，すなわちスペイン語の音韻構造で一般的な -l, -r, -s, -z で終わるものである：alegre（楽しい），amable（優しい），triste（悲しい）；fácil（易しい），particular（独特の），gris（灰色の），feliz（幸福な）．また，母音 -a, -i, -í, -ú で終わるものもこの種類に属する：agrícola（農業の），cursi（きざな），guaraní（グアラニーの），zulú（ズールーの）．この類の形容詞の複数形は無強勢母音で終わるものには -s，子音および強勢母音で終わるものには -es を付加する：alegre → alegres, agrícola → agrícolas；feliz → felices, guaraní → guaraníes

C. 〈第3類〉 性・数で無変化のもの

この類の形容詞は例外的で数は少ない．その一つの型は，語尾が無強勢音節で -s で終わるものである：finolis（上品ぶった），gratis（無料の），isósceles（二等辺の），vivales（ずる賢い）．「接頭辞 anti- ＋名詞」で形成される形容詞も無変化である：antiarrugas（しわ予防の），antibalas（防弾の），antitabaco（喫煙反対の）．借用語起源の形容詞にも無変化のものがある：gagá（ぼけた），unisex（男女共用の）．また，語尾を省略した短縮語の形容詞は無変化となるのが普通である：depre（< depresivo 気落ちした），extra（< extraordinario 特上の），porno（< pornográfico ポルノの）

4.2. 形容詞の語尾脱落

形容詞の中には男性単数名詞の前で語尾脱落（apócope）を起こすものが少数ある．

bueno（よい）→ buen，malo（悪い）→ mal，primero（第1の）→
primer，tercero（第3の）→ tercer，postrero（最後の）→ postrer

例えば，*primer* ministro（総理大臣），*tercer* curo（3学年），*postrer* tiempo（最後の時）

また，grande（大きい）は単数名詞の前で語尾脱落を起こす：*gran* premio（大賞），*gran* sorpresa（大変な驚き）．ただし，名詞の前にあっても最上級表現，cuán による感嘆表現および等位構造の場合は語尾脱落を起こさない：el más *grande* orador de la historia（史上最大の雄弁家），¡Cuán *grande* fidelidad!（何と偉大な忠実さ），*Grande* y Felicísima Armada（無敵艦隊）

5．動詞の語形変化

5.1．動詞の活用体系

　スペイン語の動詞は閉ざされた屈折変化表(paradigma)を構成している．動詞の屈折は活用(conjugación)とも呼ばれるので，屈折変化表は活用体系と言い換えてもよい．動詞はその屈折の仕方から人称・数の文法範疇により変化する人称形と人称・数の文法範疇を持たない無人称形(forma no personal del verbo)に分けられる．伝統的には人称形は定形動詞(*verbum finitum*)，無人称形は不定形動詞(*verbum infinitum*)とも呼ばれる．定形動詞は法(modo)，時制(tiempo)，人称・数(persona y número)という文法範疇によって変化するが，時制による変化を重視して，以下では時制形式(forma temporal del verbo)と呼ぶことにする．時制には動詞自体が語形変化をする単純時制と助動詞と過去分詞によって構成される複合時制がある．一般にスペイン語の動詞の法は直説法，接続法，命令法の三つに分けられる．直説法には単純時制，複合時制がそれぞれ五つで計10時制，接続法は単純時制，複合時制がそれぞれ三つ(RA形とSE形は一つの時制と見なす)で計6時制がある．命令法には現在時制しかない．無人称形は不定詞，現在分詞，過去分詞の3形式があり，さらに不定詞と現在分詞には単純形および助動詞と過去分詞によって構成される複合形がある．一方，過去分詞は形容詞と同様に性・数により語尾変化を行う．

　以上のような動詞の活用体系に含まれる時制と無人称形式の名称を次に表示する．日本語の用語とともにアカデミア(RAE, 2009)の用語，次にベイヨ(Andrés Bello)の時制用語を併記し，その後に動詞 hablar の活用形を示す．直説法・接続法については1人称単数形，命令法は2人称単数形を例示する．Bello は19世紀にチリなどで活躍したベネズエラ出身の文献学者・文学者・政治家であるが,その独自の時制用語は現代のアカデミア文法でも併用され，多くのイスパノアメリカ諸国では学校文法に採用されている．

5．動詞の語形変化

直説法　modo indicativo

		単純時制	
現在	presente	presente	*hablo*
単純過去	pretérito perfecto simple	pretérito	*hablé*
未完了過去	pretérito imperfecto	copretérito	*hablaba*
未来	futuro simple	futuro	*hablaré*
過去未来	condicional simple	pospretérito	*hablaría*
		複合時制	
現在完了	pretérito perfecto compuesto	antepresente	*he hablado*
直前過去完了	pretérito anterior	antepretérito	*hube hablado*
過去完了	pretérito pluscuamperfecto	antecopretérito	*había hablado*
未来完了	futuro perfecto	antefuturo	*habré hablado*
過去未来完了	condicional perfecto	antepospretérito	*habría hablado*

接続法　modo subjuntivo

		単純時制	
現在	presente	presente	*hable*
過去 RA 形	pretérito imperfecto I	pretérito	*hablara*
過去 SE 形	pretérito imperfecto II	pretérito	*hablase*
未来	futuro	futuro	*hablare*
		複合時制	
現在完了	pretérito perfecto	antefuturo	*haya hablado*
過去完了 RA 形	pretérito pluscuamperfecto I	antepretérito	*hubiera hablado*
過去完了 SE 形	pretérito pluscuamperfecto II	antepretérito	*hubiese hablado*
未来完了	futuro perfecto	antefuturo	*hubiere hablado*

命令法　modo imperativo

現在		*habla*

無人称形　formas no personales

不定詞単純形	infinitivo	*hablar*
不定詞複合形	infinitivo compuesto	*haber hablado*
現在分詞単純形	gerundio	*hablando*
現在分詞複合形	gerundio compuesto	*habiendo hablado*
過去分詞	participio	*hablado*

5.2. 動詞の形態構造

　動詞は，その形態構造から見ると，語根と変化語尾から成り立っている．語根 (R = raíz) は動詞の語彙的意味を担っているのに対し，変化語尾 (desinencia) は文法的意味を担っている．変化語尾はさらに幹母音 (VT = vocal temática)，法・時制形態素 (TM = tiempo y modo) および人称・数形態素 (PN = persona y número) の3部分に分けることができる．これらの形態素を分析しやすい -ar 動詞の hablar (話す) の直説法未完了過去2人称単数形を例にとり，その構成を示す．

habl-	-a-	-ba-	-s
R	VT	TM	PN

　語根 (R) と幹母音 (VT) で構成される部分を動詞語幹 (tema verbal) と言う．語幹は動詞の活用に現れるだけでなく，動詞から派生する名詞や形容詞の語基となることもある：explica-r > explica-ción (説明)，vence-r > vence-dor (勝者)，aplica-r > aplica-ble (適用可能な)．VT は，その動詞が属する活用型を示す形態素で，あらゆる動詞は -a- / -e- / -i- の3種類のどれかを含んでいる．これら VT の相違によって動詞は三つの活用型，すなわち第1活用 (-ar 動詞)，第2活用 (-er 動詞)，第3活用 (-ir 動詞) に分けられる：tom-ar (取る)，com-er (食べる)，viv-ir (生きる)．動詞は，すべての活用形で語根が不変である規則動詞 (verbo regular) と語根が変化することのある不規則動詞 (verbo irregular) に分けられるが，基本形である不定詞で3種類の VT が現れる点はどちらにも共通している．VT は直説法現在ではその大部分の形式に現れるが，他の法・時制では現れない場合もある．同様に TM や PN も活用形によって現れない場合がある．第1活用の動詞 hablar を例にとり，直説法現在の活用形を示すと次のとおりである．形態素が現れないと見られる個所は暫定的にゼロ (ø) で表示する．

		R	VT	TM	PN
単数	1人称	habl-	-ø-	-ø-	-o
	2人称	habl-	-a-	-ø-	-s
	3人称	habl-	-a-	-ø-	-ø

5. 動詞の語形変化

		R	VT	TM	PN
	1人称	habl-	-á-	-ø-	-mos
複数	2人称	habl-	-á-	-ø-	-is
	3人称	habl-	-a-	-ø-	-n

　直説法単純過去時制の分析は現在時制よりも困難で問題が多いが，やはり
できるだけ統一性を重視し，形態素が現れないと見られる個所は暫定的にゼ
ロで表示することにする．

		R	VT	TM	PN
	1人称	habl-	-ø-	-ø-	-é
単数	2人称	habl-	-á-	-ø-	-ste
	3人称	habl-	-ø-	-ø-	-ó
	1人称	habl-	-á-	-ø-	-mos
複数	2人称	habl-	-á-	-ø-	-steis
	3人称	habl-	-á-	-ø-	-ron

　以上の表でゼロと表示したものをどう扱うかについてはさまざまの議論が
ある．例えば，現在1人称単数形のVTとTMに現れるゼロは二つのゼロ形
態であると考える立場もあれば，上記の表示とは異なりVTとPNがゼロ形
態で -o は TM であるとする立場，VT はゼロ形態で TM と PN は融合して
-o になっている，つまり融合形態であるとする立場，あるいは VT, TM, PN
がすべて重複して融合形態 -o になっているとする立場もある．現在では常
に一律の構造を仮定して融合形態を認めず，ゼロ形態を立てようとする主張
が有力で，RAE (2009: §4.2) もその立場をとっている．ここでは理論的な問
題に深く立ち入らないが，確かに理論的な統一性のためには融合よりもゼロ
形態を認める方が有利である．しかし，あらゆる時制形式の変化語尾に VT,
TM, PN の三つの形態素が必ず存在すると仮定するのは，記述が冗長になる
という欠点もある．実際のところ，現在形で TM がすべてゼロ形態である
と仮定することは TM が VT に融合していると言い換えても実態は変わらな
いことになる．ここでは時制により TM は VT に融合することがあると認め，
一方 VT は母音の TM または PN が直接後続するとゼロに変異すると想定す
る．

語形変化・語形成

　以上では単一の語根と変化語尾からなる動詞だけを扱っているが，動詞の中には語根に接頭辞または接尾辞が付くなどの過程を経て新たな動詞が派生することもある：tomar > re-tomar（再開する），charlar > charl-ote-ar（おしゃべりする）．これらの動詞では接頭辞と語根を合わせた retom-, charlote- の部分が基体ということになる．ただし，以下では特に厳密を期すことが必要な場合を除いて，このような派生動詞を含めて動詞の変化語尾を除いた部分を語根と呼ぶことにする．

5.3. 動詞語幹

5.3.1. 現在語幹および過去語幹

　動詞の語根（より正確には基体）に幹母音（VT）が付加した形式，動詞語幹は動詞の屈折変化表，つまり動詞の活用体系の中で VT がどのように変異するかを基準に分類すると，現在語幹（tema de presente）および過去語幹（tema de pretérito）に分けることができる．それぞれの語幹の VT は法・時制および人称・数の相違により変異を見せることがある．VT はどんな形式にも必ず現れるわけではなく，直後に母音の TM または PN が付加される場合はゼロ形態化する．

　次に規則動詞の三つの活用型についてこの二つの語幹の VT が法・時制および人称・数の相違により生じる変異を示す．語根の後に付くのが VT である．{ } 内の要素は変異（異形態）を示す．VT は強勢を持つ場合と無強勢の場合があるが，これは屈折変化表のどの枠に入るかによって決定される．

	-ar	-er	-ir
現在語幹	tom-{-á- / -a- / -ø}	com-{-é- / -e- / -ø-}	viv-{-í- / -i- / -e- / -ø-}
過去語幹	tom-{-á- / -ø-}	com-{-í- / -ié- / -ø-}	viv-{-í- / -ié- / -ø-}

　規則動詞の現在語幹は，第1活用 -ar 動詞と第2活用 -er 動詞の場合，人称・数により -ø- を含めて3種類の VT が交替するが，第3活用 -ir 動詞では4種類が交替する．過去語幹は，VT が第1活用で -á- / -ø- の2種類，第2・第3活用で -í- / -ié- / -ø- の3種類の変異を見せる．

— 34 —

5.3.2. 現在語幹から構成される時制・形式

現在語幹から構成される形式は不定詞のほか，直説法現在，接続法現在，直説法未来と過去未来，命令法である．次に，規則動詞の3活用型について現在語幹から構成される活用形を示す．時制形式の場合は語根の後に VT と TM を示す．人称は1～3，単数は sg，複数は pl と略記する．

	時制	人称・数	-ar	-er	-ir
不定詞			tom-á-r	com-é-r	viv-í-r
直説法	現在	1 sg 2～3 sg, 3 pl 1～2 pl	tom-ø- tom-a- tom-á-	com-ø- com-e- com-é-	viv-ø- viv-e- viv-í-
	未来	1 sg, 1～2 pl 2～3 sg, 3 pl	tom-a-ré- tom-a-rá-	com-e-ré- com-e-rá-	viv-i-ré- viv-i-rá-
	過去未来	全人称	tom-a-ría-	com-e-ría-	viv-i-ría-
接続法	現在	1～3 sg, 3 pl 1～2 pl	tom-ø-e- tom-ø-é-	com-ø-a- com-ø-á-	viv-ø-a- viv-ø-á-
命令法		2 sg 2 pl	tom-a- tom-á-	com-e- com-é-	viv-e- viv-í-

動詞無人称形の一つである不定詞は規則動詞・不規則動詞にかかわりなく強勢のある VT の後に不定詞語尾の -r が付加される．

直説法現在および命令法では VT に TM が融合するので独自の TM は現れない．直説法現在では1・2人称複数を除き語根の末尾音節に強勢があり (tóm-)，1・2人称複数では VT に強勢が置かれる：tom-á-．これは屈折変化表のどの枠に指定されるかによって規定されるもので，いわゆる屈折変化表的アクセント (acento paradigmático) の現象である．第3活用では2人称単数と3人称単数・複数のように VT が語末の音節に来る場合に限って -i- が -e- に交替する：viv-e-s, viv-e, viv-e-n

未来形と過去未来形は現在語幹の VT にそれぞれの TM が付加される．未来の TM は -ré- / -rá- であり，人称・数により変異するが，過去未来の TM は -ría- で常に一定している．

接続法現在では VT が -ø- に交替し（次に母音で始まる TM が来るので脱落する），第1活用では TM の -e-，第2・第3活用では -a- が付加される．

— 35 —

語形変化・語形成

命令法は２人称単数・複数しかないが，第３活用２人称単数の VT は語末に当たるため -e- に交替する．

5.3.3. 過去語幹から構成される時制・形式

過去語幹から構成されるのは直説法単純過去，未完了過去，接続法過去 RA 形・SE 形，同未来の４時制５形式ならびに二つの動詞無人称形，すなわち現在分詞と過去分詞である．単純過去は VT に TM が融合するため独自の TM は現れない．単純過去は他の時制に比べると人称ごとの不規則性が強い．第２・第３活用の３人称複数では VT が -ié- に変わるのが特徴である．次に規則動詞単純過去の動詞語幹（語根＋ VT）を示す．

		-ar	-er	-ir
直説法 単純過去	1s, 3s 2s, 1~2pl 3pl	tom-ø- tom-á- tom-á-	com-ø- com-í- com-ié-	viv-ø- viv-í- viv-ié-

　１人称単数と３人称単数では VT が -ø- となる．直後に母音の PN が付加されるためである．

　直説法未完了過去，接続法過去 RA 形・SE 形および未来は VT の均質性が高く，第１活用では -á-，第２・第３活用では -í- / -ié- となり，人称による変異は生じない．無人称形も含めていずれも VT に強勢が置かれるのが特徴である．次に過去語幹に各時制の TM または無人称形語尾が付加された形式を示す．

		-ar	-er	-ir
直説法	未完了過去	tom-á-ba-	com-í-a-	viv-í-a-
接続法	過去 RA 形 過去 SE 形 未来	tom-á-ra- tom-á-se- tom-á-re-	com-ié-ra- com-ié-se- com-ié-re-	viv-ié-ra- viv-ié-se- viv-ié-re-
無人称形	現在分詞	tom-á-ndo	com-ié-ndo	viv-ié-ndo
	過去分詞	tom-á-do	com-í-do	viv-í-do

　直説法未完了過去では TM として第１活用で -ba-，第２・第３活用では -a- が付加される．接続法過去の RA 形では TM として -ra-，SE 形では同じ

— 36 —

5. 動詞の語形変化

く -se- が付加されるが，第2・第3活用では VT が -ié- に交替する．接続法
未来でも第2・第3活用では同じ VT が選ばれ，TM はすべて -re- となる．
ただし，接続法未来は現代スペイン語ではほとんど使用されない．

　無人称形のうち現在分詞では過去語幹に -ndo という語尾が付加される．
第1活用では VT が -á-，第2・第3活用では -ié- となる．以下の例は，い
ずれも正書法どおりアクセント記号なしで示す：tom-a-ndo, com-ie-ndo,
viv-ie-ndo．過去分詞は過去語幹に -do という語尾が付加され，第1活用で
は VT が -á-，第2・第3活用では -í- となる：tom-a-do, com-i-do, viv-i-do

　規則動詞と不規則動詞を含めて上記とは異なる例外的な VT が現れるのは
-llir, -ñir のように語根の末尾が硬口蓋音の /j/ または /ɲ/ で終わる -ir 動詞で
ある．他の動詞では VT が -ié- となるべき個所がこの種の動詞では -é- となる．
例えば，bullir（沸騰する）では bull-e-ron, bull-e-ndo，ceñir（巻きつける）で
は ciñ-e-ron, ciñ-e-ndo．なお，henchir（ふくらます）のように -chir 型の動詞
まで同様の VT にしてしまうのは母語話者も犯すことがある誤りで，正しく
は hinch-ie-ron, hinch-ie-ndo である．

5.4. 人称・数の接辞

5.4.1. 基本的人称語尾

　人称・数の形態素（PN）は TM の後に付加されるが，人称・数により VT
と直接することがあり，それを -ø- に変える作用を及ぼす．直説法現在形の
人称語尾は最も一般的な形式であり，現在語幹から派生する時制だけでなく
単純過去以外の過去語幹から派生する時制，すなわち接続法過去 RA 形およ
び SE 形，接続法未来にも適用される．これを基本的人称語尾と呼ぶことに
する．基本的人称語尾の適用範囲は規則動詞と不規則動詞の両方に及ぶ．し
かし，直説法単純過去は独自の人称語尾をとる．

	単　数	複　数
1人称	-o / -ø	-mos
2人称	-s	-is
3人称	-ø	-n

— 37 —

語形変化・語形成

　直説法現在のみ 1 人称単数の PN は -o となり，VT と直接して，それを
-ø- に変える：habl-ø-o. その他の時制では VT の後に 1 人称単数の PN -ø-
が付くと想定される．例えば直説法未完了過去：hablaba-ø. 他の人称では
すべて VT の後に PN が付加されるが，3 人称単数の PN はやはり -ø- である：
habla-ø, hablaba-ø. ただし，第 3 活用の動詞では前記のとおり 3 人称で VT
が -e- に置き換えられる：vive-ø, vive-n. また，1 人称複数の -mos と 2 人
称複数の -is が付く場合，VT に強勢が置かれる．正確には，強勢は VT を
主音とする音節に移動する：ha*bl-a*-mos, ha*bl-á*-is. これ以外の人称・数で
は語根に強勢がある：*habl*-ø-o, *habl*-a-s, *habl*-a, *habl*-a-n

　次に tomar を例に現在語幹から構成される時制について動詞語幹に TM と
PN が付いた活用形を示す．

　《直説法現在》tomø-o, toma-s, toma-ø, toma-mos, tomá-is, toma-n

　《直説法未来》toma-ré-ø, toma-rá-s, toma-rá-ø, toma-re-mos, toma-ré-is,
　　toma-rá-n

　《直説法過去未来》toma-ría-ø, toma-ría-s, toma-ría-ø, toma-ría-mos,
　　toma-ría-is, toma-ría-n

　《接続法現在》tomø-e-ø, tomø-e-s, tomø-e-ø, tomø-e-mos, tomø-é-is,
　　tomø-e-n

　《命令法》toma-ø, toma-d

　同じく tomar を例にとり，過去語幹から構成される時制について動詞語幹
に TM と PN が付いた活用形を示す．

　《直説法未完了過去》toma-ba-ø, toma-ba-s, toma-ba-ø, tomá-ba-mos,
　　toma-ba-is, toma-ba-n

　《接続法過去 RA 形》toma-ra-ø, toma-ra-s, toma-ra-ø, tomá-ra-mos,
　　toma-ra-is, toma-ra-n

　《接続法過去 SE 形》toma-se-ø, toma-se-s, toma-se-ø, tomá-se-mos,
　　toma-se-is, toma-se-n

　《接続法未来》toma-re-ø, toma-re-s, toma-re-ø, tomá-re-mos, toma-re-is,
　　toma-re-n

5.4.2. 単純過去形の人称語尾

　規則動詞の場合，直説法単純過去には次のような PN が適用される．

— 38 —

5．動詞の語形変化

	単　数		複　数
	-ar	-er / -ir	-ar / -er / -ir
1人称	-é	-í	-mos
2人称	-ste	-ste	-steis
3人称	-ó	-ió	-ron

　1人称単数と3人称単数だけ第1活用と第2・第3活用で PN の形式が異なる．これらの人称では母音または二重母音の PN が後続するため VT は -ø- となる．1人称単数では第1活用の PN が -é，第2・第3活用では -í となる：tom-ø-é, com-ø-í, viv-ø-í．3人称単数では第1活用で PN が -ó，第2・第3活用では -ió となる：tom-ø-ó, com-ø-ió, viv-ø-ió．その他の人称ではどの活用型でも強勢のある VT に子音で始まる PN が付加される．例えば2人称単数の場合：tom-*a*-ste, com-*i*-ste, viv-*i*-ste．ただし，第2・第3活用の3人称複数では VT が -ié- に交替する：com-*ie*-ron, viv-*ie*-ron

　次に tomar を例にとり，単純過去の動詞語幹に PN が付いた活用形を示す．

　《直説法単純過去》tomø-é, toma-ste, tomø-ó, toma-mos, toma-steis, toma-ron

5.4.3. 命令法の人称語尾

命令法は2人称しかないが，単数形と複数形の区別があり，PN は次のとおりである．

	単　数	複　数
2人称	-ø	-d

命令法は現在語幹から構成されるので，TM は VT に融合していて VT に PN が直接付く形となる．次に規則動詞の命令法単数形と複数形を示す．

　　toma ø　　　　toma d

　　come-ø　　　　come-d

　　vive-ø　　　　vivi-d

　一部の不規則動詞は単数に限って不規則な形式をとるが，これについては後述する（§7.9）．

　命令法の2人称複数語尾 -d は，再帰代名詞が後置されると脱落する：

— 39 —

levantarse → levantaos, sentarse → sentaos. 唯一の例外は irse で，脱落が起きない：irse → idos

5.5. ボス語法に対する動詞の変化語尾

ボス語法 (voseo) とは単数の親しい相手に対する 2 人称代名詞として tú の代わりに vos を用いる語法で，イスパノアメリカの各地に存在する．中でも南米のアルゼンチン，ウルグアイ，パラグアイ，ボリビア，チリ，中米のグアテマラ，ホンジュラス，エル・サルバドル，ニカラグア，コスタリカなどでよく見られる．voseo に対し tú を用いる語法は tuteo と言う．イスパノアメリカの中でもメキシコの大部分とキューバ，ドミニカなどのカリブ海域，ペルーの大部分などはスペインと同じく tuteo の地域である．ただし，これらの地域を含めてイスパノアメリカでは 2 人称複数の代名詞 vosotros / vosotras を用いない．このため，複数の話し相手を指す代名詞としては ustedes のみが用いられる．

スペインでも国王など高い身分の人物に対して vos を用いる古めかしい語法が残っており，敬意の vos 語法 (voseo reverencial) と呼ばれる．この敬意の vos に対して動詞は 2 人称複数形で呼応する．ser の場合：vos *sois*. しかし，イスパノアメリカの vos 語法では古い動詞変化形に由来する独自の動詞変化語尾が用いられる：vos *sos*. これにはいくつかの変種があるが，主要な活用パターンは次のとおりである．

時制	地域	tomar	comer	vivir
直説法現在	(1) (2)	tomás tomái(s)	comés comí(s)	vivís viví(s)
直説法単純過去	(1) (2)	tomastes / tomaste* tomaste(s)	comistes / comiste* comiste(s)	vivistes / viviste* viviste(s)
接続法現在	(1) (2)	tomés / tomes* tomí(s)	comás / comas* comái(s)	vivás / vivas* vivái(s)
命令法	(1) - (2)	tomá	comé	viví

＊本来 tú に対応する形式であるが，vos に対しても用いられ，ラ・プラタ地域ではより教養のある語法と見なされる．

— 40 —

5．動詞の語形変化

このうち(1)の系列はラ・プラタ地域(アルゼンチン，ウルグアイ，パラグアイ)や中米など多くの地域で用いられる一般的な型であるが，地域によってはこれら以外の変異形が現れることもある．(2)の系列はチリで用いられる．かっこ内に示した語末の -s は気音化する([h] 音となる)か，または消失する．前記の表に示していない時制はスペインなど tuteo 地域と同じ 2 人称複数形が用いられる．例えば，(1)の地域では［未完了過去］tomabais，［未来］tomaréis，［過去未来］tomaríais など．ただし，(2)の地域では未来は tomarí(s), comerí(s), vivirí(s) となる．不規則動詞の場合，現在形は(1)の地域では ser が sos となるほかは -ás, -és, -ís の形式をとる：haber → has，ir → vas，poder → podés，venir → venís

ちなみに，スペインで用いられる敬意の vos 語法もイスパノアメリカで用いられる vos 語法も一種の古語法と言えるものである．中世スペイン語では 2 人称単数 tú とともに身分の高い人などに対する敬称として複数の vos が用いられた．しかし，日常使用されるうちに丁寧な意味が薄れてしまい，16 世紀後半頃から vuestra merced という敬称に由来する usted が代わって用いられるようになった．日常の使用の場面で tú とほとんど相違がなくなった vos はそれと競合するようになり，18 世紀頃にスペインでは敬意の vos 語法のように古風な特殊用法を除き使用されなくなった．しかし，イスパノアメリカの中で植民地時代にスペインとの交流，言語的影響が比較的薄かった遠隔地域で日常的な vos の用法が残り，tú と共存することになった．vos と tú の使い分けや社会的な使用域は地域によって相違がある．一般に tú は正式の教養のある語法，vos は家族・仲間で用いる民衆的な語法，あるいは田舎の言葉と見られる場合が多いが，ラ・プラタ地域では vos があらゆる社会階層で用いられ，tú よりも優勢である．

5.6.　複合時制

動詞活用体系には以上で取り上げてきた単純時制(tiempo simple)のほかに複合時制(tiempo compuesto)がある．複合時制は動詞の屈折ではなく，助動詞 haber と過去分詞の組み合わせで構成される動詞句である．単純時制と並行して直説法 5 時制，接続法 3 時制，計 8 時制がある．フランス語やイタリア語と異なり複合時制の過去分詞は常に男性単数形のままで(規則動詞で

は -ado, -ido）まったく変化しない．第1活用の hablar（話す）の1人単数形のみ例示する．

	時　制	助動詞 haber の時制形式	実　例
直説法	現在完了 直前過去完了 過去完了 未来完了 過去未来完了	現在 単純過去 未完了過去 未来 過去未来	he hablado hube hablado había hablado habrá hablado habría hablado
接続法	現在完了 過去完了 RA 形 過去完了 SE 形 未来完了	現在 過去 RA 形 過去 SE 形 未来	haya hablado hubiera hablado hubiese hablado hubiere hablado

　この中で直説法直前過去完了 hube hablado と接続法未来完了 hubiere hablado の形式は現代スペイン語ではほとんど使用されない．

　動詞無人称形では不定詞と現在分詞に複合形（完了形）があり，助動詞 haber と過去分詞により構成される．こちらも過去分詞はまったく変化しない．

	助動詞 haber の形式	実　例
不定詞複合形	不定詞	haber hablado
現在分詞複合形	現在分詞	habiendo hablado

＜参考３＞　形態論的分析の３モデル

　動詞のように語形変化をする語をどのように分析するかという問題は形態論の研究にこれまで用いられてきた理論モデルとかかわる．形態論分析の主要モデルは三つに分けることができる．その第1は WP（*Word and Paradigm*）モデルである．ある屈折する語を問題とする場合，その内部構造を細かく分析することはせず，屈折変化表（パラダイム）全体の中の1単位として位置づけ，記述する．語の形態素分析は行わず，語を単位として文法範疇別に整理し，列挙する方法であるから記述は煩雑となるが，ラテン語やスペイン語のように動詞が閉ざされたパラダイムを持つ言語を分析するには適している

－42－

と言える．西洋の伝統文法はこの方法を取ってきた．第2は IA (*Item and Arrangement*) モデルである．語は形態素の連鎖であるととらえ，語を分析して形態素を設定し，その配列と変化を記述することによって語形変化を説明できると考える．アメリカ構造言語学で用いられた方法で，形態素の融合や補充形式などを説明するには不適であると批判を受けたが，現在でも主流となっているモデルである．本書の記述も基本的にこの方式に則っている．第3は IP (*Item and Process*) モデルである．この方法は語形変化を単なる形態素の配列の問題ではなく，接辞添加，母音交替などの形態論的プロセスとしてとらえる．そのプロセスを経てある語基から変化した語が具現すると考えるが，その具現形は形態素の連続で構成されているとは見ない．アメリカ構造言語学の末期には IA モデルよりも優れたものとして推奨され，現在もなお生成文法学派の一部で利用されている．

6．規則動詞の活用

6.1．規則動詞の３活用型

　規則動詞・不規則動詞のどちらも含めて不定詞の語尾は -ar, -er, -ir の３種類に限られる．スペイン語の動詞約１万１千語を調査した資料によると，動詞全体では第１活用 -ar 動詞が 90% を占め，第２活用 -er 動詞，第３活用 -ir 動詞はそれぞれ５％未満にすぎない（RAE, 1999: §75.4 で引用された数字に基づき算出）．また，数の上では規則動詞が圧倒的に多く 90% を占めるが，その中の 97% は -ar 動詞であり，-ar 動詞の中では 90% が規則動詞である．これに対し -er 動詞，-ir 動詞は不規則動詞が多く，-er 動詞の中では 87%，-ir 動詞の中では 57% が不規則動詞である．このように数の上では規則動詞が不規則動詞を圧倒しているが，-er 動詞と -ir 動詞を主とする不規則動詞は使用頻度が非常に高いことに留意する必要がある．

　以下に規則動詞の三つの活用型，つまり第１活用 -ar 動詞，第２活用 -er 動詞，第３活用 -ir 動詞の例として tomar, comer, vivir を選び，その全活用表を示す．名詞は語形変化をしてもごく少数の例外的な場合を除いてアクセントの移動は起きないが，動詞の場合は法・時制および人称・数によって一定のパターンで強勢のある音節が移動する特徴を持つ．例えば，tomar の直説法現在形の場合，１～３人称単数と３人称複数は語幹に強勢がある（*to*mo, *to*mas, *to*ma, *to*man）のに対し，１～２人称複数は語尾に強勢が移動する（to*ma*mos, to*máis*）．

A．第 1 活用：-ar 動詞
無人称形

	単純形	複合形
不定詞	tomar	haber tomado
現在分詞	tomando	habiendo tomado
過去分詞	tomado	——

— 44 —

6．規則動詞の活用

直説法

現在		現在完了	
tomo	tomamos	he tomado	hemos tomado
tomas	tomáis	has tomado	habéis tomado
toma	toman	ha tomado	han tomado
単純過去		直前過去完了	
tomé	tomamos	hube tomado	hubimos tomado
tomaste	tomasteis	hubiste tomado	hubisteis tomado
tomó	tomaron	hubo tomado	hubieron tomado
未完了過去		過去完了	
tomaba	tomábamos	había tomado	habíamos tomado
tomabas	tomabais	habías tomado	habíais tomado
tomaba	tomaban	había tomado	habían tomado
未来		未来完了	
tomaré	tomaremos	habré tomado	habremos tomado
tomarás	tomaréis	habrás tomado	habréis tomado
tomará	tomarán	habrá tomado	habrán tomado
過去未来		過去未来完了	
tomaría	tomaríamos	habría tomado	habríamos tomado
tomarías	tomaríais	habrías tomado	habríais tomado
tomaría	tomarían	habría tomado	habrían tomado

接続法

現在		現在完了	
tome	tomemos	haya tomado	hayamos tomado
tomes	toméis	hayas tomado	hayáis tomado
tome	tomen	haya tomado	hayan tomado
過去 RA 形		過去完了 RA 形	
tomara	tomáramos	hubiera tomado	hubiéramos tomado
tomaras	tomarais	hubieras tomado	hubierais tomado
tomara	tomaran	hubiera tomado	hubieran tomado
過去 SE 形		過去完了 SE 形	
tomase	tomásemos	hubiese tomado	hubiésemos tomado
tomases	tomaseis	hubieses tomado	hubieseis tomado
tomase	tomasen	hubiese tomado	hubiesen tomado

語形変化・語形成

未来		未来完了	
tomare	tomáremos	hubiere tomado	hubiéremos tomado
tomares	tomareis	hubieres tomado	hubiereis tomado
tomare	tomaren	hubiere tomado	hubieren tomado

B. 第2活用：-er 動詞
無人称形

	単純形	複合形
不定詞	comer	haber comido
現在分詞	comiendo	habiendo comido
過去分詞	comido	――

直説法

現在		現在完了	
como	comemos	he comido	hemos comido
comes	coméis	has comido	habéis comido
come	comen	ha comido	han comido
単純過去		直前過去完了	
comí	comimos	hube comido	hubimos comido
comiste	comisteis	hubiste comido	hubisteis comido
comió	comieron	hubo comido	hubieron comido
未完了過去		過去完了	
comía	comíamos	había comido	habíamos comido
comías	comíais	habías comido	habíais comido
comía	comían	había comido	habían comido
未来		未来完了	
comeré	comeremos	habré comido	habremos comido
comerás	comeréis	habrás comido	habréis comido
comerá	comerán	habrá comido	habrán comido
過去未来		過去未来完了	
comería	comeríamos	habría comido	habríamos comido
comerías	comeríais	habrías comido	habríais comido
comería	comerían	habría comido	habrían comido

— 46 —

6．規則動詞の活用

接続法

現在		現在完了	
coma	comamos	haya comido	hayamos comido
comas	comáis	hayas comido	hayáis comido
coma	coman	haya comido	hayan comido
過去 RA 形		過去完了 RA 形	
comiera	comiéramos	hubiera comido	hubiéramos comido
comieras	comierais	hubieras comido	hubierais comido
comiera	comieran	hubiera comido	hubieran comido
過去 SE 形		過去完了 SE 形	
comiese	comiésemos	hubiese comido	hubiésemos comido
comieses	comieseis	hubieses comido	hubieseis comido
comiese	comiesen	hubiese comido	hubiesen comido
未来		未来完了	
comiere	comiéremos	hubiere comido	hubiéremos comido
comieres	comiereis	hubieres comido	hubiereis comido
comiere	comieren	hubiere comido	hubieren comido

C．第3活用：-ir 動詞

無人称形

	単純形	複合形
不定詞	vivir	haber vivido
現在分詞	viviendo	habiendo vivido
過去分詞	vivido	——

直説法

現在		現在完了	
vivo	vivimos	he vivido	hemos vivido
vives	vivís	has vivido	habéis vivido
vive	viven	ha vivido	han vivido
単純過去		直前過去完了	
viví	vivimos	hube vivido	hubimos vivido
viviste	vivisteis	hubiste vivido	hubisteis vivido
vivió	vivieron	hubo vivido	hubieron vivido

— 47 —

語形変化・語形成

未完了過去		過去完了	
vivía	vivíamos	había vivido	habíamos vivido
vivías	vivíais	habías vivido	habíais vivido
vivía	vivían	había vivido	habían vivido
未来		未来完了	
viviré	viviremos	habré vivido	habremos vivido
vivirás	viviréis	habrás vivido	habréis vivido
vivirá	vivirán	habrá vivido	habrán vivido
過去未来		過去未来完了	
viviría	viviríamos	habría vivido	habríamos vivido
vivirías	viviríais	habrías vivido	habríais vivido
viviría	vivirían	habría vivido	habrían vivido

接続法

現在		現在完了	
viva	vivamos	haya vivido	hayamos vivido
vivas	viváis	hayas vivido	hayáis vivido
viva	vivan	haya vivido	hayan vivido
過去 RA 形		過去完了 RA 形	
viviera	viviéramos	hubiera vivido	hubiéramos vivido
vivieras	vivierais	hubieras vivido	hubierais vivido
viviera	vivieran	hubiera vivido	hubieran vivido
過去 SE 形		過去完了 SE 形	
viviese	viviésemos	hubiese vivido	hubiésemos vivido
vivieses	vivieseis	hubieses vivido	hubieseis vivido
viviese	viviesen	hubiese vivido	hubiesen vivido
未来		未来完了	
viviere	viviéremos	hubiere vivido	hubiéremos vivido
vivieres	viviereis	hubieres vivido	hubiereis vivido
viviere	vivieren	hubiere vivido	hubiesen vivido

6.2. 正書法が変化する動詞

　規則動詞の中には正書法上の変化，つまり綴り字の変化を起こす動詞がある．それは動詞の基体（不定詞から -ar, -er, -ir を取り除いた形式）の末尾が子

— 48 —

6．規則動詞の活用

音/k, g, θ, x /で終わるもので，正書法ではc, g, gu, gü, qu, zで表記されている．この種の動詞は規則的な活用を行い，同じ子音が維持されるのであるが，正書法上は時制により綴り字の書き換えが必要となる．

1）/k/ を表す c は e の前で qu に変える：buscar（探す）→ busque

2）/k/ を表す qu は a, o の前で c に変える：delinquir（罪を犯す）→ delinco, delinca

3）/θ/ を表す c は a, o の前で z に変える：vencer（打ち負かす）→ venzo, venza；zurcir（繕う）→ zurzo, zurza

4）/θ/ を表す z は e の前で c に変える：cazar（狩る）→ cace

5）/g/ を表す g は e の前で gu に変える：pagar（支払う）→ pague

6）/g/ を表す gu は a, o の前で g に変える：distinguir（区別する）→ distingo, distinga

7）/gu/ を表す gu は e の前で gü に変える：averiguar（調査する）→ averigüe

8）/x/ を表す g は a, o の前で j に変える：coger（つかむ）→ cojo, coja；exigir（要求する）→ exijo, exija

このような正書法の原則に従った書き換えは不規則動詞でも同様の場合に生じる．

＜参考４＞　単純過去の名称

　単純過去は現代のスペイン・アカデミア文法は pretérito perfecto simple（単純完了過去）と呼び，単に pretérito（過去）とも呼ばれる．後者は Bello の用語法に従うもので，イスパノアメリカで広く使用される．学者によっては pretérito simple（単純過去）と呼ぶこともある．アカデミア文法の旧版（1931）では pretérito indefinido（不定過去）と呼ばれていた．日本語では単純過去のほかに完了過去，点過去とも言われる．点過去は日本のスペイン語学界だけの用語であり，線過去すなわち未完了過去と対比的に使用される．しかし，点と線という比喩はこの二つの時制のアスペクトである完結相・未完結相の違いを的確に表しているとは言えず，かえって誤解を招くきらいがある．そこで，本書では単純過去と未完了過去という用語を使用する．

7. 不規則動詞の活用

7.1. 不規則性の種類

　不規則動詞は,その不規則性の種類により三つに分けることことができる.
第1は語根の母音が変化するもの,つまり母音の不規則変化(irregularidades
vocálicas),第2は語根の子音が変化するもの,つまり子音の不規則変化
(irregularidades consonánticas),第3は語根の母音と子音がともに変化する
もので,混合変化(irregularidades mixtas)と呼ばれる.なお,不規則動詞に
接頭辞などが付加されて派生した動詞も同じ型の不規則活用をするのが原則
である.例えば,poner から派生した componer, disponer, proponer, suponer
などは poner と同様の活用を行う.以下では直説法現在1人称単数の語尾を
その類型の代表形として示すことにする.

7.2. 母音変化をする動詞

7.2.1. -ío, -úo 型の動詞

　不定詞の語末が -iar, -uar で終わる動詞の中には直説法現在1～3人称単
数形と3人称複数形の語末が二重母音として現れる動詞と2母音が分立して
母音接続(hiato)となる動詞がある.前者は固定二重母音動詞(verbo vocálico
de diptongo fijo)とも呼ばれ,規則動詞として扱われる.直説法現在では次
のような活用を行う.以下,単数1～3人称,複数1～3人称の順に示す.

> estudiar(勉強する):estudio, estudias, estudia, estudiamos, estudiáis,
> 　　　　　　　　　　estudian
> apaciguar(なだめる):apaciguo, apaciguas, apacigua, apaciguamos,
> 　　　　　　　　　　apaciguáis, apaciguan
> 《同型の -iar 型動詞》acariciar, aliviar, anunciar, apreciar, cambiar, copiar,
> 　　elogiar, envidiar, limpiar, negociar, pronunciar, renunciar

― 50 ―

《同型の -uar 型動詞》averiguar, atestiguar, menguar

これに対し現在 1 人称単数形が -ío, -úo のように母音接続となる動詞は可変二重母音動詞 (verbo vocálico de diptongo variable) または母音分立動詞とも呼ばれ，不規則動詞として扱われる．直説法現在では次のような活用を行う．以下，不規則形式は斜字体で示すことにする．

enviar（送る）：*envío, envías, envía*, enviamos, enviáis, *envían*

continuar（続ける）：*continúo, continúas, continúa*, continuamos,
continuáis, *continúan*

この型の動詞は接続現在でも同様に母音接続が生じる．

enviar：*envíe, envíes, envíe*, enviemos, enviéis, *envíen*

continuar：*continúe, continúes, continúe*, continuemos, continuéis,
continúen

命令法 2 人称単数でも同様であるが，形式は一般の規則動詞と同じく直説法現在の 3 人称単数と同形になる：*envía, continúa*

《同型の -iar 型動詞》aliar, ampliar, averiar, confiar, contrariar, criar,
desviar, espiar, fiar, guiar, resfriar, rociar

同じ -uar 型の動詞は少ないが，次のような例がある．

《同型の -uar 型動詞》acentuar, actuar, atenuar, efectuar, evaluar,
exceptuar, insinuar, perpetuar, situar, valuar

7.2.2. -yo 型の動詞

不定詞の語末が -uir で終わる動詞は直説法現在 1 人称単数形で語根の末尾の /i/ が母音に挟まれて子音化し，摩擦音 /j/ となるため y で表記される．語根に強勢のある 2〜3 人称単数形と 3 人称複数形も同様である．

huir（逃げる）：*huyo, huyes, huye*, huimos, huís, *huyen*

この型の動詞の接続法現在は，すべての人称で同じく /j/ が現れる．

huya, huyas, huya, huyamos, huyáis, huyan

命令法単数も同様である：*huye*

単純過去でも語根の末尾の /i/ が母音間に挟まれる環境，すなわち 3 人称単数・複数で /j/ が現れる．

huí, huiste, *huyó*, huimos, huisteis, *huyeron*

過去語幹から派生する接続法過去 RA 形・SE 形および未来も同様である：

— 51 —

語形変化・語形成

huyera, huyese, huyere. 現在分詞も同様となる： *huyendo*

《同型の動詞》atribuir, concluir, constituir, construir, destruir, excluir, incluir, influir, instruir

7.2.3. -eo 型の動詞

不定詞が重母音（vocal doble）を含む -eer で終わる動詞，例えば leer（読む）は規則動詞として扱われることが多く，実際に現在形は規則的である：leo, lees, lee, leemos, leéis, leen. しかし，単純過去の3人称単数・複数では変化語尾の先頭にある母音 /i/ が母音間に挟まれて子音化し /j/ となるため，y に書き換えられる.

leí, leíste, *leyó*, leímos, leísteis, *leyeron*

接続法過去 RA 形・SE 形および未来にも同様の変化が生じる： *leyera, leyese, leyere*. 現在分詞も同様である： *leyendo*

《同型の動詞》creer, poseer, proveer, sobreseer

7.2.4. 母音交替動詞

母音交替動詞（verbo con alternancia vocálica）は語根母音変化動詞とも呼ばれ，直説法現在とその他の時制の語根で単母音と二重母音が交替する. 母音交替には下記の5種類がある. まず直説法現在の活用を示す.

A. 直説法現在の母音交替

二重母音が現れるのは1～3人称の単数形と3人称複数形で，いずれも強勢のある音節である.

(1) /e/ ~ /ié/

pensar（考える）： *pienso, piensas, piensa*, pensamos, pensáis, *piensan*

entender（理解する）： *entiendo, entiendes, entiende*, entendemos, entendéis, *entienden*

sentir（感じる）： *siento, sientes, siente*, sentimos, sentís, *sienten*

(2) /o/ ~ /ué/

contar（語る）： *cuento, cuentas, cuenta*, contamos, contáis, *cuentan*

mover（動かす）： *muevo, mueves, mueve*, movemos, movéis, *mueven*

dormir（眠る）： *duermo, duermes, duerme*, dormimos, dormís, *duermen*

7．不規則動詞の活用

（3）/i/ ~ /ié/

adquirir（獲得する）：*adquiero, adquieres, adquiere*, adquirimos,

adquirís, *adquieren*

（4）/u/ ~ /ué/

jugar（遊ぶ）：*juego, juegas, juega*, jugamos, jugáis, *juegan*

（5）/e/ ~ /í/

pedir（頼む）：*pido, pides, pide*, pedimos, pedís, *piden*

以上のうち(1)または(2)型の動詞で語頭に/ié/または/ué/が現れる場合は，正書法がそれぞれ ye- または hue- に書き換えられる．

errar（誤る）：*yerro, yerras, yerra*, erramos, erráis, *yerran*

oler（においを嗅ぐ）：*huelo, hueles, huele*, olemos, oléis, *huelen*

（1）と同型の活用をする主な動詞

《-ar》acertar, cerrar, despertar, empezar, manifestar, merendar, recomendar, regar, sentar, tropezar

《-er》ascender, atender, defender, descender, encender, entender, extender, verter

《-ir》cernir, discernir, hendir, herir, preferir

（2）と同型の活用する主な動詞

《-ar》acordar, acostar, almorzar, apostar, aprobar, colgar, consolar, costar, encontrar, forzar, mostrar, probar, recordar, soltar, soñar, tostar, volar

《-er》absolver, cocer, conmover, devolver, moler, morder, promover, remover, resolver, soler, torcer, volver

《-ir》morir

（3）~（4）は例外的な型であり，(3)と同型の活用をする動詞は inquirir（調査する）のみ，(4)と同型の動詞は他にない．

（5）と同型の活用をするのはすべて -ir 動詞である．

《-ir》ceñir, competir, corregir, despedir, elegir, freír, gemir, henchir, medir, regir, reír, repetir, seguir, servir, sonreír, vestir

B．命令法の母音交替

以上の母音交替動詞は現在語幹から派生する命令法単数形でも二重母音が現れる．その形式は直説法現在3人称単数と同形になる．

（1）*piensa, entiende, siente*；（2）*cuenta, mueve, duerme*；（3）*adquiere*；

— 53 —

（4）*juega*；（5）*pide*

C. 接続法現在の母音交替

同じく現在語幹から派生する接続法現在でも語根が母音交替を起こすが，この時制では活用型によって母音交替の仕方に相違がある．前記(1), (2), (4)型の -ar, -er 動詞は直説法現在形と同じ人称の強勢音節で全く同じ母音交替が起きる．

（1）pensar：*piense, pienses, piense*, pensemos, penséis, *piensen*

entender：*entienda, entiendas, entienda*, entendamos, entendáis, *entiendan*

（2）contar：*cuente, cuentes, cuente*, contemos, contéis, *cuenten*

mover：*mueva, muevas, mueva*, movamos, mováis, *muevan*

（4）jugar：*juegue, juegues, juegue*, juguemos, juguéis, *jueguen*

しかし，(1), (2), (3) 型の -ir 動詞は 1 〜 2 人称複数形で別の母音交替が加わる．すなわち，(1), (3) 型では語根母音が /i/, (2) 型では /u/ になる．

（1）sentir：*sienta, sientas, sienta, sintamos, sintáis, sientan*

（2）dormir：*duerma, duermas, duerma, durmamos, durmáis, duerman*

（3）adquirir：*adquiera, adquieras, adquiera, adquiramos, adquiráis, adquieran*

一方，(5) 型の -ir 動詞は接続法現在のすべての人称で /i/ が現れる．

（5）pedir：*pida, pidas, pida, pidamos, pidáis, pidan*

D. 直説法単純過去の母音交替

その他の時制に関しては(1), (2), (4) 型の -ar, -er 動詞は規則動詞と変わらず，母音交替は起きない．しかし，(1), (2) および (5) 型の -ir 動詞は単純過去の 3 人称単数・複数形で母音交替を起こし，語根母音が /i/ または /u/ となる．(3) 型の動詞には母音交替が起きない．

（1）sentir：sentí, sentiste, *sintió*, sentimos, sentisteis, *sintieron*

（2）dormir：dormí, dormiste, *durmió*, dormimos, dormisteis, *durmieron*

（5）pedir：pedí, pediste, *pidió*, pedimos, pedisteis, *pidieron*

E. 接続法過去および未来の母音交替

単純過去と同じく過去語幹から派生する接続法過去 RA 形および SE 形で (1), (2), (5) 型の -ir 動詞はすべての人称で母音交替を起こし，(1), (5) 型は語根母音が /i/, (2) 型は /u/ になる．ここでは RA 形のみを示すが，SE 形も語幹の母音交替は同様である：(1) *sintiese*, (2) *durmiese*, (5) *pidiese*

7．不規則動詞の活用

（1） sentir：*sintiera, sintieras, sintiera, sintiéramos, sintierais, sintieran*

（2） dormir：*durmiera, durmieras, durmiera, durmiéramos, durmierais, durmieran*

（5） pedir：*pidiera, pidieras, pidiera, pidiéramos, pidierais, pidieran*

接続法未来でも（1），（2），（5）型の -ir 動詞は同様の母音交替を起こす．1
人称単数のみを例示する：（1） *sintiere*，（2） *durmiere*，（5） *pidiere*

F．現在分詞の母音交替

現在分詞は過去語幹から派生すると想定した（§5.3.3）が，（1），（2），（4）
型の -ar, -er 動詞で用いられる過去語幹は単純過去と同じく母音交替は起き
ない．しかし，（1），（2），（5）型の -ir 動詞の現在分詞で用いられる過去語幹
は単純過去の3人称で起きたのと同じ母音交替を起こす：（1） sentir →
sintiendo，（2） dormir → *durmiendo*，（5） pedir → *pidiendo*

7.3．子音変化をする動詞

不規則動詞の中には語根の末尾の子音が変化するものがある．

A．-zco 型の動詞

不定詞の語末が母音 + -cer / -cir となる動詞の多くは直説法現在1人称単数
形で語根に/k/が挿入されて -zco という語尾になる．他の人称は規則的である．

ofrecer（申し出る）：*ofrezco*, ofreces, ofrece, ofrecemos, ofrecéis, ofrecen

producir（生産する）：*produzco*, produces, produce, producimos, producís, producen

《同型の動詞》

V + -cer：nacer, agradecer, atardecer, conocer, crecer, enloquecer, enmohecer, ensombrecer; establecer, obedecer, parecer

V + -cir：lucir, conducir, deducir, inducir, introducir, reducir, seducir, traducir

ただし，mecer（揺する）は正書法変化をするが規則動詞（mezo）であり，
hacer, decir などは別の類型の不規則動詞である．また，この類型の中で
-ducir 型の動詞は後述するように単純過去でも不規則である．

この型の動詞は接続法現在のすべての人称で同じ子音挿入の語根が用いら
れる．

— 55 —

ofrecer：*ofrezca, ofrezcas, ofrezca, ofrezcamos, ofrezcáis, ofrezcan*

producir：*produzca, produzcas, produzca, produzcamos, produzcáis,*
  produzcan

B. -go 型の動詞

不規則動詞の一部では直説法現在 1 人称単数形で語根の末尾に /g/ が挿入
されて -go という語尾になる．他の人称は規則的である．

poner（置く）：*pongo*, pones, pone, ponemos, ponéis, ponen

salir（出かける）：*salgo*, sales, sale, salimos, salís, salen

《同型の動詞》disponer, equivaler, oponer, suponer, valer; asir, salir, sobresalir

一方，次の hacer の場合は，直説法現在 1 人称単数で語根の子音に /θ/ ~ /g/
の交替が起きる．

hacer（する）：*hago*, haces, hace, hacemos, hacéis, hacen

《同型の動詞》deshacer

以上の動詞は接続法現在のすべての人称で /g/ を含む語根が用いられる．

poner：*ponga, pongas, ponga, pongamos, pongáis, pongan*

salir：*salga, salgas, salga, salgamos, salgáis, salgan*

hacer：*haga, hagas, haga, hagamos, hagáis, hagan*

C. -igo 型の動詞

この型の動詞は不定詞の語末が -aer, -oír となるのが特徴で，直説法現在
1 人称単数形で語根の末尾に /ig/ が挿入され，-igo となる．また，最後の
oír の場合は母音間に挟まれた /i/ の子音化も生じ，y で表記される．

caer（落ちる）：*caigo*, caes, cae, caemos, caéis, caen

traer（持ってくる）：*traigo*, traes, trae, traemos, traéis, traen

oír（聞く）：*oigo, oyes, oye*, oímos, oís, *oyen*

この型も接続法現在のすべての人称で /ig/ の挿入された語根を用いる．

caer：*caiga, caigas, caiga, caigamos, caigáis, caigan*

traer：*traiga, traigas, traiga, traigamos, traigáis, traigan*

oír：*oiga, oigas, oiga, oigamos, oigáis, oigan*

直説法単純過去では変化語尾の先頭にある /i/ が母音間に挟まれる位置に
来る場合，すなわち 3 人称単数・複数では /j/ に変化し，y で表記される．

caer：caí, caíste, *cayó*, caímos, caísteis, *cayeron*

oír：oí, oíste, *oyó*, oímos, oísteis, *oyeron*

7. 不規則動詞の活用

他の時制，無人称形でも同様の環境では同じ変化が起きる．接続法過去 RA 形・SE 形：*cayera, cayese*，同未来 *cayere*，現在分詞：*cayendo*

《同型の動詞》decaer, recaer; atraer, contraer, distraer; desoír, entreoír

不定詞の語末が -oer となる動詞 roer（かじる）は特異であり，直説法現在でこの型の -igo のほかに異形として -yo および規則的な -oo が共存する：*roigo, royo*, roo．これと相関して接続法現在も 3 種類の異形が共存する：*roiga, roya*, roa．直説法単純過去では上記の -igo 型動詞と同じ環境で y が現れる：roí, roíste, *royó*, roímos, roísteis, *royeron*．接続法過去 RA 形・SE 形 *royera, royese*，同未来 *royere*，現在分詞 *royendo* も同様である．同型の動詞としては corroer（腐食させる）がある．

さらに，動詞 raer（削り取る）は，直説法現在で -igo 型と -yo 型の異形が共存する：*raigo, rayo*．接続法現在も同様である：*raiga, raya*．roer と同じく直説法単純過去 3 人称単数 *rayó*，同複数 *rayeron*，接続法過去 RA 形・SE 形 *rayera, rayese*，同未来 *rayere* および現在分詞 *rayendo* では -y- が現れる．

7.4. 混合変化をする動詞

この型の動詞は語根の母音が変化するだけでなく子音の変化も生じる．

A. 子音変化と母音交替をする -go 型の動詞

1）直説法現在 1 人称単数で子音 /g/ の挿入が起きるほか，語根に強勢のある 2〜3 人称単数と 3 人称複数で母音 /e/ 〜 /ié/ の交替が起きる．

> tener（持つ）：*tengo, tienes, tiene*, tenemos, tenéis, *tienen*
>
> venir（来る）：*vengo, vienes, viene*, venimos, venís, *vienen*

2）直説法現在 1 人称単数で語根の子音 /θ/ 〜 /g/ の交替が起きるほか，語根に強勢のあるすべての単数形と 3 人称複数で母音 /e/ 〜 /i/ の交替が起きる．

> decir（言う）：*digo, dices, dice*, decimos, decís, *dicen*

これらの動詞の接続法現在では直説法現在 1 人称単数で現れた語根が用いられる．

> tener：*tenga, tengas, tenga, tengamos, tengáis, tengan*
>
> venir：*venga, vengas, venga, vengamos, vengáis, vengan*
>
> decir：*diga, digas, diga, digamos, digáis, digan*

以上の動詞から派生する動詞も同様の不規則性を持つ．

— 57 —

語形変化・語形成

《tener と同型》 contener, detener, mantener, obtener, sostener

《venir と同型》 avenir, convenir, intervenir, provenir

《decir と同型》 contradecir, desdecir, predecir

ただし，bendecir（祝福する），maldecir（呪う）は活用形の一部が decir と異なり規則的である．すなわち，直説法未来形 bendeciré, maldeciré，同過去未来 bendeciría, maldeciría，命令法 bendice, maldice，過去分詞 bendecido, maldecido

B. 母音と子音の交替を起こす動詞

直説法現在1人称単数で /ab/ ~ /ep/ の交替が起きる．

caber（十分入る）: *quepo*, cabes, cabe, cabemos, cabéis, caben

接続法現在では直説法現在1人称単数で現れた語根が用いられる．

caber : *quepa, quepas, quepa, quepamos, quepáis, quepan*

7.5. 特殊変化をする動詞

以上の類型に当てはまらない特殊な変化をする不規則動詞がある．いずれも日常の使用頻度が高い動詞である．

A. -oy 型の動詞

直説法現在1人単数形の語尾が /ói/ となる動詞が四つある．このうち ser と ir は補充形態による語根の交替が見られる．ir の現在形は，不定詞の語根 /i-/ とはまったく語源の異なる補充形態 /boi/ ~ /ba/ が交替する．

ser（である）: *soy, eres, es, somos, sois, son*

estar（…にある）: *estoy*, estás, está, estamos, estáis, están

dar（与える）: *doy*, das, da, damos, dais, dan

ir（行く）: *voy, vas, va, vamos, vais, van*

ser と ir は接続法現在形も不規則である．

ser : *sea, seas, sea, seamos, seáis, sean*

ir : *vaya, vayas, vaya, vayamos, vayáis, vayan*

一方，estar と dar の接続法現在は，正書法上で一部の形式にアクセント記号が必要である．

estar : *esté, estés, esté*, estemos, estéis, *estén*

dar : *dé*, des, *dé*, demos, deis, den

— 58 —

B. -e 型の動詞

直説法現在 1 人称単数形の語尾が /é/ となる動詞が二つあるが，haber は 2 人称複数形以外がすべて不規則であるのに対して saber は 1 人称単数形のみが不規則である.

haber（助動詞）：*he, has, ha, hemos,* habéis, *han*

saber（知っている）：*sé,* sabes, sabe, sabemos, sabéis, saben

これらの動詞は接続法現在形も不規則であり，saber は前記の混合変化を起こす caber と類似した /ab/ ~ /ep/ の交替を起こす.

haber：*haya, hayas, haya, hayamos, hayáis, hayan*

saber：*sepa, sepas, sepa, sepamos, sepáis, sepan*

C. その他の型の動詞

動詞 ver は直説法現在 1 人称単数形があたかも不定詞が -eer 型の動詞であるかのように -eo の形式をとる.

ver（見る）：*veo,* ves, ve, vemos, veis, ven

接続法現在形もすべて不規則である.

ver：*vea, veas, vea, veamos, veáis, vean*

7.6. 強変化の単純過去

7.6.1. 強変化の過去語幹から構成される時制

直説法単純過去が不規則な活用を行う動詞のうち母音交替動詞についてはすでに取り上げた（§7.2.4）. ここで取り扱うのは語根で一定の母音または子音に変化が起きる「強変化の過去（pretérito fuerte）」と言われる不規則な単純過去形を持つ動詞である. この種の動詞は不規則変化を起こした語根と強変化に固有の幹母音（VT）で過去語幹が構成され，それに強変化に固有の人称語尾（PN）を持つが，VT と PN は強変化の過去を持つ動詞の大部分に共通している. 次に haber（助動詞）を例として VT と PN を示す.

	単　数	複　数
1人称	hub-ø-e	hub-í-mos
2人称	hub-í-ste	hub-í-steis
3人称	hub-ø-o	hub-ié-ron

— 59 —

語形変化・語形成

　1人称単数・3人称単数では VT がその直後に母音の PN が続くため -ø- となるが，規則動詞と異なり人称語尾ではなく語根に強勢があるのが特徴である．その他の人称に現れる VT は -í- または -ié- である．ただし，正書法上ではアクセント記号は付かない：hubiste, hubimos, hubisteis, hubieron．このような強変化の過去語幹から構成されるのは直説法単純過去のほか接続法過去 RA 形・SE 形および未来の3時制で VT はすべて -ié- となる．ただし，強変化の語根末尾が /x/ となる動詞は3人称複数の VT が -ié- ではなく，-é- になる：decir → dij-e-ron, traer → traj-e-ron, producir → produj-e-ron．単純過去以外の時制では PN はすべて基本的人称語尾が用いられる．

　次に haber を例にとり，過去語幹に TM と PN が付いた単純過去以外の各時制形式を示す．

　　《接続法過去 RA 形》hubie-ra-ø, hubie-ra-s, hubie-ra-ø, hubié-ra-mos,
　　　hubie-ra-is, hubie-ra-n

　　《接続法過去 SE 形》hubie-se-ø, hubie-se-s, hubie-se-ø, hubié-se-mos,
　　　hubie-se-is, hubie-se-n

　　《接続法未来》hubie-re-ø, hubie-re-s, hubie-re-ø, hubié-re-mos, hubie-re-is,
　　　hubie-re-n

　規則動詞では過去語幹から直説法未完了過去，現在分詞および過去分詞が構成されると想定したが，強変化の過去を持つ不規則動詞の場合は，これらの形式が強変化の過去語根（hub-）ではなく，現在語幹に現れる規則的な語根（hab-）から構成されることに注意する必要がある．つまり，語根に規則動詞の過去語幹と同じ VT の -í- または -ié- が付いたいわば第2の過去語幹を持つことになる．これは強変化の過去を持つすべての動詞に共通している．

　　《直説法未完了過去》hab-í-a-ø, hab-í-a-s, hab-í-a-ø, hab-í-a-mos,
　　　hab-í-a-is, hab-í-a-n

　　《現在分詞》hab-ie-ndo

　　《過去分詞》hab-i-do

　ただし，後述するように一部の不規則動詞は，これらの形式についても不規則な場合がある．

— 60 —

7.6.2. 強変化の過去の類型

　強変化の過去を持つ動詞の語根は，子音または母音が変異を起こすが，そ
れにはいくつかの類型がある．以下ではその類型を示す．これらの動詞に接
辞が付加されて派生する動詞も語根が同様の変異を示す：tener → *tuve*,
contener → *contuve*

　A. 語根母音が /u/ に変化するもの

　　andar（歩く）：*anduve, anduviste, anduvo, anduvimos, anduvisteis,*
　　　　　　　　　　anduvieron

　　estar：*estuve, estuviste, estuvo, estuvimos, estuvisteis, estuvieron*

　　tener（持つ）：*tuve, tuviste, tuvo, tuvimos, tuvisteis, tuvieron*

　　haber：*hube, hubiste, hubo, hubimos, hubisteis, hubieron*

　　saber：*supe, supiste, supo, supimos, supisteis, supieron*

　　caber：*cupe, cupiste, cupo, cupimos, cupisteis, cupieron*

　　poder（…できる）：*pude, pudiste, pudo, pudimos, pudisteis, pudieron*

　　poner：*puse, pusiste, puso, pusimos, pusisteis, pusieron*

　haber と poder 以外の動詞は，母音だけでなく語根末尾にも変異が生じる．
なお，placer（喜ばしい）の単純過去は規則的であるが，3人称単数のみ古い
形式 plugo が用いられることがある．

　B. 語根母音が /i/ に変化するもの

　　hacer：*hice, hiciste, hizo, hicimos, hicisteis, hicieron*

　　venir：*vine, viniste, vino, vinimos, vinisteis, vinieron*

　　querer：*quise, quisiste, quiso, quisimos, quisisteis, quisieron*

　　decir：*dije, dijiste, dijo, dijimos, dijisteis, dijeron*

　querer と decir は語根の末尾子音にも変異が生じる．また，decir の3人称
複数語尾は -eron となる．

　C. 語根の末尾子音が /x/ に変化するもの

　この型の動詞の3人称複数の語尾は -eron となる．

　　traer：*traje, trajiste, trajo, trajimos, trajisteis, trajeron*

　　producir：*produje, produjiste, produjo, produjimos, produjisteis, produjeron*

　　《producir と同型》conducir, inducir, introducir, reducir, traducir

　D. その他の変化をするもの

　この型の動詞は1人称と3人称の単数で以上の型とは異なる PN をとる．

— 61 —

語形変化・語形成

また ser と ir は補充形態をとり，まったく同形となる.

ser / ir：*fui, fuiste, fue, fuimos, fuisteis, fueron*
dar：*di, diste, dio, dimos, disteis, dieron*
ver：*vi*, viste, *vio*, vimos, visteis, vieron

7.7. 不規則な未完了過去

直説法未完了過去が不規則となる動詞は次の三つしかない．ser は語幹が補充形態で置き換えられる.

ser：*era, eras, era, éramos, erais, eran*
ir：*iba, ibas, iba, íbamos, ibais, iban*
ver：*veía, veías, veía, veía, veíamos, veían*

7.8. 不規則な未来および過去未来

不規則動詞の中には不規則な直説法未来形を持つものがある．その特徴は，現在語幹の幹母音が脱落することで，さらに動詞によっては語幹から一部の音の脱落，つまり語中音消失 (síncope) あるいは音の添加，つまり語中音添加 (epéntesis) が起きる場合もある．不規則な未来の語幹には次の三つの類型がある．すべて -er 動詞または -ir である.

A. 幹母音が脱落するもの

現在語幹から幹母音 /e/ が脱落する.

saber → sabr-：*sabré, sabrás, sabrá, sabremos, sabréis, sabrán*
《同型の動詞》caber (cabr-), haber (habr-), poder (podr-), querer (querr-)

B. 幹母音脱落と子音挿入が起きるもの

現在語幹の幹母音 /e/ または /i/ が脱落した上で子音 /d/ が挿入される.

tener → tendr-：*tendré, tendrás, tendrá, tendremos, tendréis, tendrán*
venir → vendr-：*vendré, vendrás, vendrá, vendremos, vendréis, vendrán*
《同型の動詞》poner (pondr-), valer (valdr-), salir (saldr-)

C. 語中音消失が起きるもの

現在語幹に語中音消失が起きて短縮される.

hacer → har-：*haré, harás, hará, haremos, haréis, harán*

— 62 —

7. 不規則動詞の活用

decir → dir-：*diré, dirás, dirá, diremos, diréis, dirán*

以上の不規則な未来形を持つ動詞はすべて直説法過去未来でも同じ未来の不規則語幹が用いられる.

saber：*sabría, sabrías, sabría, sabríamos, sabríais, sabrían*

tener：*tendría, tendrías, tendría, tendríamos, tendríais, tendrían*

venir：*vendría, vendrías, vendría, vendríamos, vendríais, vendrían*

hacer：*haría, harías, haría, haríamos, haríais, harían*

decir：*diría, dirías, diría, diríamos, diríais, dirían*

7.9. 不規則な命令法

命令法で不規則な形式が現れるのは2人称単数のみであり，複数形はすべて規則的である. 不規則となるのは -er 動詞と -ir 動詞に限られ少数であるが，使用頻度の高い動詞が多い. 次のような類型がある.

A. 幹母音が消失するもの

hacer → *haz*, poner → *pon*, tener → *ten*, salir → *sal*, venir → *ven*

B. 語根が異形態となるもの

decir → *di*, ir → *ve*

C. 正書法の変化が起きるもの

ser → *sé*

7.10. 不規則な無人称形

7.10.1. 不規則な現在分詞

不規則な現在分詞を持つのは不規則動詞の一部に限られる. 不規則動詞の大部分は，規則動詞と同様に規則的に作られた過去語幹から現在分詞を構成する. つまり，動詞語根に -ar 動詞は VT として -á-, -er / -ir 動詞は -ié- が付いた語幹に語尾の -ndo が付加される.

andar → andando, dar → dando；haber → habiendo,

querer → queriendo, hacer → haciendo, ser → siendo；

producir → produciendo

不規則動詞のうち -yo 型 (-uir), -eo 型 (-eer), -igo 型 (-aer, -oír) および母

— 63 —

語形変化・語形成

音交替動詞 (-ir) では，現在分詞の語尾が -ye-ndo となるが，これについては
すでにそれぞれの項目で取り上げた．同様に ye- が現れるのは ir である：
ir → *yendo*

　強変化の過去を持つ動詞のごく一部のみ，その強変化の過去語根から現在
分詞が構成される：poder → *pudiendo*, venir → *viniendo*. 母音交替動詞と
同じように語根母音の変化した現在語幹と同じ語根から現在分詞が派生する
ものも一例ある：decir → *diciendo*

7.10.2. 不規則な過去分詞

　不規則な過去分詞は語尾が -do ではなく，-to, -cho, -so のいずれかになる
のが特徴であり，語根に変異が生じる場合もある．一部の動詞は規則的な形
式も併せ持つ．次に三つの類型を示す．

A. 語尾が -to となるもの

abrir（開ける）：*abierto*　　　　　cubrir（覆う）：*cubierto*

elegir（選ぶ）：elegido / *electo*　　escribir（書く）：*escrito*

freír（油で揚げる）：freído / *frito*　morir（死ぬ）：*muerto*

poner（置く）：*puesto*　　　　　　resolver（解決する）：*resuelto*

romper（壊す）：*roto*　　　　　　volver（戻る）：*vuelto*

ver：*visto*　　　　　　　　proveer（供給する）：proveído / *provisto*

　規則形と不規則形を併せ持つ動詞 elegir, freír, proveer の場合，複合時制で
は規則形が好まれる：he *elegido*, ha *freído*, han *proveído*. しかし，形容詞や
属詞として用いる場合は不規則形が好まれる：patatas *fritas*（フライドポテ
ト），está *provisto*（それは備えられてある），presidente *electo*（就任予定の大
統領当選者）

　これらの動詞から派生する動詞の過去分詞も同様の不規則な語尾を持つ．

descubrir：*descubierto*, recubrir：*recubierto*

componer：*compuesto*, disponer：*dispuesto*, imponer：*impuesto*,

oponer：*opuesto*, proponer：*propuesto*, suponer：*supuesto*

devolver：*devuelto*, envolver：*envuelto*

prever：*previsto*, entrever：*entrevisto*

　また，escribir および resolver と共通する語根を持つ動詞も同様の不規則
な過去分詞を持つ．

— 64 —

describir：*descrito,* inscribir：*inscrito,* suscribir：*suscrito*

absolver：*absuelto,* disolver：*disuelto*

B. 語尾が -cho となるもの

decir（言う）：*dicho*　　　　　　　　hacer：*hecho*

satisfacer（満足させる）：*satisfecho*

これらの動詞から派生する動詞もやはり同型の不規則な語尾を持つ．

contradecir：*contradicho,* desdecir：*desdicho,* predecir：*predicho*；

deshacer：*deshecho*

しかし，bendecir（祝福する）と maldecir（呪う）の過去分詞は規則的である：bendecido, maldecido

C. 語尾が -so となるもの

imprimir（印刷する）：imprimido / *impreso*

この型の動詞は現代語では一つしかなく，imprimir と共通の語根を含む comprimir（圧縮する），deprimir（意気消沈させる）などの過去分詞は規則的である：comprimido, deprimido．複合時制で用いる場合，imprimir もスペインでは規則形 imprimido が好まれるが，逆にイスパノアメリカでは不規則形 impreso が好まれる：he *imprimido* / he *impreso*．形容詞または属詞として用いる場合は，どの地域でも impreso が普通である：material *impreso*（印刷資料）

7.11. 欠如動詞

動詞活用表の一部が欠けている動詞を欠如動詞（verbo defectivo）と言う．欠如する理由の一つは意味的・統語的なものである．自然現象を表す非人称動詞（verbo impersonal）と呼ばれるものはもっぱら3人称単数でしか用いられない：Ayer *llovió* fuerte（昨日は大雨が降った）．この種の動詞としては amanecer（夜が明ける），anochecer（日が暮れる），granizar（霰が降る），helar（氷が張る），llover（雨が降る），nevar（雪が降る）などがある．ただし，これらの動詞も人が主語になる表現や比喩的な表現では他の人称や複数形になることがある：*Amanecí* en el desierto（私は砂漠で朝を迎えた）/ Nos *llovieron* las quejas（私たちには苦情が殺到した）．同じく出来事の発生,関係,命題の叙述などを表す動詞には3人称単数でしか用いられないものがある：acaecer（起こる），acontecer（起こる），atañer（関係がある），concernir（関

語形変化・語形成

係する), obstar (妨げになる), ocurrir (起こる), urgir (差し迫っている)

　欠如動詞のもう一つは形態的な理由によるもので, -ir 動詞の中には幹母音 -i- が現れる形式しか用いられないものがある: arrecirse (かじかむ), aterir (凍えさせる), descolorir (退色させる), embaír (だます) など. 例えば, aterir の場合, 用いられるのは不定詞のほか, 現在分詞 ateriendo, 過去分詞 aterido, 直説法現在 aterimos, aterís, 単純過去・未完了過去・未来・過去未来・接続法過去・同未来の全活用形および複合時制である. なお, 伝統的に欠如動詞とされてきた abolir (廃止する), agredir (攻撃する), blandir ([剣などを] 振りかざす), garantir (保証する) は現代では -i- が現れない形式でも用いる例が見られるため, 欠如動詞ではないとされる (RAE 2009: §4.14).

＜参考５＞　未来形・過去未来形の起源

　歴史的に見ると, 未来形は「不定詞 + haber の現在」という複合動詞句に起源を持つ: tomar he > tomaré, tomar has > tomarás, tomar ha > tomará. 同様に過去未来は「不定詞 + haber の未完了過去」という複合動詞句に由来する. ただし, 助動詞には haber の現代語には残っていない短縮形が使用された: tomar hía > tomaría, tomar hías > tomaría, tomar hía > tomaría. 中世スペイン語ではこれらが複合形式であることが認識されていたので, 接語代名詞が不定詞に後置されることもあった: tomarlo he (= lo tomaré). このような分離形式は近代には衰退するが, 17 世紀頃まで見られた.

— 66 —

Ⅱ．語形成

8．語形成とその方法

8.1.　語形成とは

　語形成（formación de palabras）とはある語から別の語を作り出す過程やそこに働く原則を研究し記述する分野である．語形成の過程や原則を研究することは既存の語の構成を分析することとも関連する．語形成の過程が適用される前の出発点となる語を語基（base léxica）と呼ぶ．

8.2.　語形成の方法

　語形成には線条的（lineal）な方法と非線条的な方法がある．線条的語形成とは語基の前または後に別の要素を配置し拡張することによって語形成を行う操作である．スペイン語の語形成の大部分はこの方法によるものであり，接辞付加による派生および複合が含まれる．どちらも規則性が高く，生産性も高い方法である．現代では生産性を失っているが，語基からその一部を削除する逆成も線条的語形成に属する．これに対し，非線条的語形成は語基の前後の順序とは無関係な操作を加えて語形成を行う偶発的な方法であり，転用，短縮，頭字語形成，造語および借用が含まれる．

9．接辞付加

9.1.　接尾辞付加

　接辞付加（afijación）は語基に接辞を付加し，別の語を形成する方法である．スペイン語の語形成で主に用いられる接辞は接頭辞と接尾辞であるが，特に多用されるのは接尾辞付加（sufijación）による派生である．以下ではまず接尾辞付加による派生について派生語の語類別に取り上げることにする．

　接尾辞は語基の後ろに付加される．母音で始まる接尾辞を付加する場合，語基の語末に無強勢母音があれば，それを削除した上で付加される：arte（芸術）＋ -ista ＞ artista（芸術家）．ただし，語末母音を削除すると，語基が不明瞭になる場合は例外的に残されることがある：Mao (Zedong) ＋ -ista ＞ maoísta（毛沢東主義者）．語末が子音または強勢母音であればそのままで接尾辞が付加される：capital（資本）＋ -ista ＞ capitalista（資本家）．café（コーヒー）＋ -ina ＞ cafeína（カフェイン）．子音で始まる接尾辞の場合は，語基にそのまま付加されるのが原則である：pesca-(r)（釣る）＋ -dor ＞ pescador（漁師）

　接尾辞が付加されると，語基の語類つまり品詞が変わる場合と変わらない場合がある．接尾辞付加によって形成された派生語の語彙的な意味は主に語基に相当する部分が担っているが，語類を決定するのは付加された接尾辞である．例えば，norma（［名詞］規範）＞ norm-al（［形容詞］正常な）/ normal-izar（［動詞］正常化する）

9.2.　名詞派生

9.2.1.　派生名詞の分類

　ある語類に属する語から名詞を派生させる過程を名詞派生（derivación nominal）と呼ぶ．形成された派生語は語基の語類に従って名詞由来の名詞

語形変化・語形成

(nombre denominal：N＞N)，形容詞由来の名詞 (nombre deadjetival：A＞N)，
動詞由来の名詞 (nombre deverbal：V＞N) などに分けることができる．形容
詞由来の名詞は性質，状態，状況などを表す性質名詞 (nombre de calidad) と
なるのが普通であり，動詞由来の名詞は動作あるいは動作の結果を表す動作
名詞 (nombre de acción) となるのが普通である．また，名詞あるいは動詞由
来の名詞が動作者・道具・場所を表す名詞になることもある．以下では生産
性の高いものを中心に主要な接尾辞を取り上げる．

9.2.2. 動作を表す名詞の派生

　動作や動作の結果を表す名詞を派生させる主な接尾辞には次のようなもの
がある．その多くは動詞由来の名詞を形成する．

　A．-ada

　次項で取り上げる -ado とは異なり，名詞に付加されて打撃，運動などを
表す女性名詞を形成する．

　　cabeza ＞ cabezada（頭突き），cuchillo ＞ cuchillada（刃物で刺すこと），
　　pata ＞ patada（蹴り），puñal ＞ puñalada（剣の突き刺し），uña ＞ uñada（爪
　　痕）

　この接尾辞は名詞・形容詞に付加されて否定的，軽蔑的な意味を含んだ名
詞を派生することもある．

　　bobo ＞ bobada（ばかな言動），canalla ＞ canallada（下劣な言動），español
　　＞ españolada（誇張されたスペイン的なもの），Quijote ＞ quijotada（常軌
　　を逸した言動），tonto ＞ tontada（愚かさ）

　B．-ado, -ada, -ido, -ida

　過去分詞の語尾と同形で，-ar 動詞に -ado / -ada が，-er, -ir 動詞に -ido /
-ida が付加され，-o で終わるものは男性名詞，-a で終わるものは女性名詞
である．一般に過去分詞が名詞化すると被動者の意味になる（invitar（招待
する）＞ invitado（招待された人，招待客））が，ここで取り上げるのは動作，
動作の結果，道具，場所を表す接尾辞である．動作そのものを表す場合は女
性名詞となることが多いようである．

　　-ada：arrancar ＞ arrancada（発進），chupar ＞ chupada（吸うこと），empanar
　　＞ empanada（パイ），entrar ＞ entrada（入場，入り口），llamar ＞ llamada（通
　　話），parar ＞ parada（停止，停留所），picar ＞ picada（刺すこと）

— 70 —

9．接辞付加

-ado：asar > asado（焼肉），grabar > grabado（彫ること，挿絵），guisar > guisado（煮込み料理），helar > helado（アイスクリーム），secar > secado（乾燥），tostar > tostado（炒ること）

-ida：beber > bebida（飲み物），caer > caída（落下），comer > comida（食べ物，食事）；ir > ida（行くこと），sacudir > sacudida（揺れ），salir > salida（出発，出口），venir > venida（到来）

-ido：cocer > cocido（煮込み），contener > contenido（内容），merecer > merecido（当然の報い）；gemir > gemido（うめき声），pedir > pedido（注文），pulir > pulido（研磨）

これらのうち -ado, -ada は名詞に付加されて人・動物・物の集合，場所を表すこともある．

-ado：alcantarilla > alcantarillado（下水施設），alumno > alumnado（生徒たち），árbol > arbolado（木立），cable > cableado（配線），profesor > profesorado（教員たち，教職）

-ada：hincha > hinchada（応援団），muchacho > muchachada（子どもたち，腕白），vaca > vacada（牛の群れ），yegua > yeguada（馬の群れ）

C．-aje

動詞に付加されて男性名詞を派生し，生産性が高い．元はフランス語またはオック語に由来する接尾辞であり，接尾辞のついた語形で借用された例もある．-ar 動詞のみに付加され，接尾辞の先頭の -a- は幹母音と解釈することも可能である．

almacenar > almacenaje（倉庫料），aterrizar > aterrizaje（着陸），camuflar > camuflaje（カムフラージュ），fichar > fichaje（入団契約），hospedar > hospedaje（宿泊），maquillar > maquillaje（メーキャップ），reciclar > reciclaje（リサイクル），rodar > rodaje（撮影）

この接尾辞は名詞に付加されて人・動植物・物の集合を表すためにも用いられる．

correa > correaje（革装具），cortina > cortinaje（カーテン一式），mueble > mueblaje（家具類），peón > peonaje（労務者），ola > oleaje（うねり），planta > plantaje（草木），pluma > plumaje（羽毛）

D．-azo

この接尾辞は拡大辞の -azo と同形であるが，名詞に付加されて打撃や瞬

— 71 —

語形変化・語形成

間的な出来事を表す男性名詞を形成する.

cabeza > cabezazo（頭突き）, cañón > cañonazo（砲撃, 砲声）, codo > codazo（肘打ち）, freno > frenazo（急ブレーキ）, martillo > martillazo（槌打ち）

この接尾辞の前に挿入辞 -at- / -et- / -ot- が加わることもある.

mano > manotazo（平手打ち）, pistola > pistoletazo（ピストル発射）, puño > puñetazo（拳で殴ること）, tijera > tijeratazo（はさみによる切断）

物理的な打撃だけでなく, 比喩的な意味での打撃, 打撃などによる音を表すこともある.

bocina > bocinazo（クラクションの音）, flecha > flechazo（矢傷, 一目ぼれ）, gasolina > gasolinazo（ガソリン値上げ）, plancha > planchazo（へま）, tequila > tequilazo（テキーラの一飲み）, trompeta > trompetazo（ラッパの調子外れな音）, vista > vistazo（ざっと見ること）

E. -ción, -sión, -tión, -ión

これらの接尾辞は動詞に付加され, 女性名詞を形成する. -ción はどの活用型の動詞にも付き, 幹母音で終わる動詞語幹に付加されるのが原則である：aproba-(r)（承認する）> aprobación（承認）, defini-(r)（定義する）> definición（定義）. ただし, -er 動詞の場合, このような規則的な派生の例はない. また, ラテン語や中世スペイン語に由来する古い時期に形成された語は共時的に見れば不規則なものが多い：canta-(r)（歌う）> canción（歌）, resolve-(r)（解決する）> resolución（解決）, recibi-(r)（受け取る）> recepción（受領）. このような事例では語基に異形態を設定し, それから派生したと見ることができる. 例えば, recepción の場合, 語根の recib- には次のような異形態が想定される：{recib- ~ recep-}. より出現頻度の低い -sión, -tión, -ión が付加される名詞はすべて動詞語基の異形態から派生すると見なされる.

-ción：calificar > calificación（評価）, clasificar > clasificación（分類）, dedicar > dedicación（献身）, indicar > indicación（表示）, localizar > localización（位置）；aparecer > aparición（出現）, atraer > atracción（引力）, disponer > disposición（配置）, distraer > distracción（気晴らし）, obtener > obtención（取得）；construir > construcción（建築）, describir > descripción（記述）, dirigir > dirección（指導）, elegir > elección（選択）, producir > producción（生産）

— 72 —

9. 接辞付加

-sión: comprender > comprensión（理解）, conceder > concesión（移譲）, extender > extensión（広がり）, verter > versión（解釈）；admitir > admisión（入場）, concluir > conlusión（結論）, decidir > decisión（決定）, imprimir > impresión（印象）

-tión: digerir > digestion（消化）, sugerir > sugestión（暗示）

-ión: confesar > confesión（告白）, expresar > expresión（表現）, revisar > revisión（見直し）；bendecir > bendición（祝福）, reunir > reunión（会合）

F. -dura, -tura, -ura

どれも女性名詞を派生する. -dura は生産性が高く, どの活用型の動詞に対しても現在語幹の幹母音の後に付加される. 道具・手段の意味を表すこともある. -tura, -ura は不規則な過去分詞やラテン語の完了分詞に由来する動詞の異形態に付加されることが多い.

-dura: armar > armadura（甲冑）, cerrar > cerradura（錠前）, quebrar > quebradura（割れ目）, volar > voladura（爆破）；lamer > lamedura（なめること）, morder > mordedura（噛むこと）, torcer > torcedura（ねじれ）；añadir > añadidura（おまけ）, freír > freidura（揚げ物）, investir > investidura（叙任, 任命）

-tura: abreviar > abreviatura（省略）, asignar > asignatura（科目）, curvar > curvatura（湾曲）, hilar > hilatura（紡績）；leer > lectura（読書）

-ura: escrito > escritura（書くこと）, frito > fritura（揚げ物）, roto > rotura（切断）

G. -miento

動詞に付加され男性名詞を派生する. 動詞に付く接尾辞として -ción と並んで生産性が高いが, -ción はラテン語由来の語が多いのに対して比較的新しく形成された語が多く, 現代でも盛んに新語が形成される. 両方の接尾辞から派生した語が同義語として共存することもよくあるが, 時には意味が異なる場合もある：repartir（配る）> repartición / repartimiento（分配）, rendir（打ち破る, 利益を上げる）> rendición（降伏）/ rendimiento（収益）. また, 意味的には結果よりも動作自体を表す場合が多いが, 状態や態度, 場所なども表すこともある：recoger（拾う）> recogimiento（没頭, 隠遁）, alojar（泊める）> alojamiento（宿泊先）. この接尾辞は現在語幹の幹母音の後に付加されるが, -er, -ir 動詞はどちらも幹母音が -i- になる.

— 73 —

語形変化・語形成

acercar > acercamiento（接近），acomodar > acomodamiento（妥協），encadenar > encadenamiento（つながり），mandar > mandamiento（命令），plantear > planteamiento（問題提起）；agradecer > agradecimiento（感謝），conocer > conocimiento（認識），entender > entendimiento（判断），nacer > nacimiento（誕生），padecer > padecimiento（苦痛）；aturdir > aturdimiento（茫然自失），descubrir > descubrimiento（発見），fingir > fingimiento（偽り），recibir > recibimiento（応接），sentir > sentimiento（感情）

H. -ncia, -nza

動詞に付加され，動作，結果，状態などを表す女性名詞を派生する．現在語幹の幹母音の後に付加され，-ncia は -ar 動詞に対しては -ancia，-er, -ir 動詞に対しては -encia という語尾となる．特に -ferir の語尾を持つ動詞は -ncia を好むようである．異形 -nza は -ar 動詞のみに付加され，-anza となる．

-ncia：concordar > concordancia（一致），vigilar > vigilancia（警戒）；absorber > absorbencia（吸収），complacer > complacencia（満足）；diferir > deferencia（相違），asistir > asistencia（出席），preferir > preferencia（偏愛），referir > referencia（言及）

-nza：alabar > alabanza（賞賛），enseñar > enseñanza（教育），ordenar > ordenanza（法令），vengar > venganza（復讐）

I. -o, -e, -a

動詞の現在語幹に付加されて動作またはその結果を表す名詞を派生するが，道具・手段などを表すこともある．これら3種類の母音は多くの名詞に現れる語末母音と同じであるため，接尾辞と見なすことには議論の余地があり，これまでもさまざまな説が唱えられてきた．語標識または名詞標識と考える主張もあるが，本書では派生接尾辞の一種と見なすことにする．現代スペイン語で生産性が高く，新語も盛んに形成される．-o, -e で終わる名詞は必ず男性であり，-a で終わるものは女性である．現在語幹に付加されるが，母音交替動詞の場合は語根母音が交替した基体に付くのが原則である：probar > prueba（証拠），despedir > despido（解雇）．注目されるのは，3種類の母音のどれが選ばれるか予測が困難なことである．-ar 動詞だから -a が選ばれるわけではなく，3種類のどれも選ばれる可能性があるが，-o が圧倒的に多い．-e が付加される -ar 動詞の大部分は接頭辞が付いている動詞で

— 74 —

9．接辞付加

ある．また，-ear 型の動詞は必ず -eo の形式となる：bombardear > bombardeo（砲撃，爆撃）．-er 動詞と -ir 動詞の場合はそれほどはっきりした傾向は見られないが，-er 動詞に -e が付加されることはまったくない．

この接尾辞はさまざまな動詞から派生名詞を形成する潜在的可能性を持っているが，-izar, -ecer, -ecir, -ificar で終わる動詞に付加される例はない．時には同じ動詞から派生した異形が共存する場合もある：costar > costa / coste / costo（費用），contar > cuenta（計算）/ cuento（話），pagar > paga（給料）/ pago（支払い）．ちなみに costar は母音交替動詞であるが，これらの名詞の語根部分には例外的に母音交替が見られない．既存の動詞由来名詞があるのにこの方法で新たな名詞が派生することも珍しくない：apreciar > apreciación / aprecio（評価），contestar > contestación / contesta / contesto（返答），derramar > derramamiento / derrame（こぼすこと）

- **-o**：abandonar > abandono（放棄），acertar > acierto（的中），ahorrar > ahorro（貯蓄），comenzar > comienzo（開始），descansar > descanso（休息），desear > deseo（欲望），emplear > empleo（使用，雇用），engañar > engaño（欺瞞），gastar > gasto（出費），pasear > paseo（散歩），regalar > regalo（贈り物），trabajar > trabajo（仕事），volar > vuelo（飛行）；socorrer > socorro（救助），sorber > sorbo（すすること）；recibir > recibo（領収書），repartir > reparto（分配）

- **-e**：ajustar > ajuste（調整），arrancar > arranque（始動），atacar > ataque（攻撃），avanzar > avance（前進），bailar > baile（舞踏），cerrar > cierre（閉鎖），derrumbar > derrumbe（倒壊），desfilar > desfile（行進），embarcar > embarque（積み込み），reprochar > reproche（非難），rescatar > rescate（救出）；combatir > combate（戦闘），debatir > debate（討論）

- **-a**：ayudar > ayuda（援助），burlar > burla（からかい），charlar > charla（おしゃべり），comprar > compra（購入），demandar > demanda（要求），disputar > disputa（口論），entregar > entrega（引き渡し），esperar > espera（待つこと），mezclar > mezcla（混合），probar > prueba（証拠）；contender > contienda（争い）；reñir > riña（けんか），tundir > tunda（剪毛）

以上の接尾辞は動作の行われる場所を表すこともある．

atajar > atajo（近道）；albergar > albergue（宿泊所），cruzar > cruce（交差点），ensanchar > ensanche（開発地区）；consignar > consigna（手荷物預

— 75 —

かり所), forjar > forja (鍛造工場)

これら接尾辞は動詞から名詞を派生させるが, 紛らわしいのはその逆方向もあることである：abanico (扇子) > abanicar (扇 ぐ), remo (オール) > remar (漕ぐ). 派生の方向を判断する際に通時的観点すなわち歴史的観点と共時的観点すなわち現代の発話者の意識が食い違うこともある.

9.2.3. 性質・状態を表す名詞の派生

性質, 状態, 状況などを表す名詞を派生させる主な接尾辞には次のようなものがある.

A. -ato, -ado

どちらも名詞または形容詞に付加され, 状態, 身分, 職務などを表す男性名詞を派生させる.

-ato：campeón > campeonato (選手権), decano > decanato (学部長職), síndico > sindicato (組合), virrey > virreinato (副王職, 副王領)

-ado：conde > condado (伯爵位, 伯爵領), papa > papado (教皇位, 教皇制), profesor > profesorado (教職, 教員), rector > rectorado (学長職)

B. -azgo

名詞または形容詞に付加され, 状態, 身分, 期間などを表す男性名詞を派生する. 動詞に付いて動作の結果を表すこともある.

hallar > hallazgo (発見), líder > liderazgo (リーダーシップ), mayor > mayorazgo (長子相続制), novio > noviazgo (婚約, 婚約期間), padrino > padrinazgo (代父の役)

C. -dad, -edad, -idad, -tad

形容詞から性質を表す女性名詞を派生させる. この四つの形式は同じ接尾辞の異形と考えることができる. しかし, 現代でも生産的なのは-idadのみで, 他の形式は形成された時期が古いものが多く, 固定化している. 付加される語基は下記の beldad, bondad, dificultad などのように母音または子音の変異を伴う異形態となることもある.

-dad：bello > beldad (美しさ), bueno > bondad (善良さ), cristiano > cristiandad (キリスト教徒), cruel > crueldad (残酷さ), igual > igualdad (平等), ruin > ruindad (下劣さ), vecino > vecindad (近所, 住民)

-edad：contrario > contrariedad (障害), falso > falsedad (虚偽), nuevo >

9. 接辞付加

novedad（新しさ），serio > seriedad（真剣さ），solo > soledad（孤独）

-idad：activo > actividad（活動），capaz > capacidad（能力），claro > claridad（明るさ），curioso > curiosidad（好奇心），eléctrico > electricidad（電気），estable > estabilidad（安定性），fácil > facilidad（容易さ），feliz > felicidad（幸福），materno > maternidad（母性），necesario > necesidad（必要性），normal > normalidad（正常），público > publicidad（広告），real > realidad（現実），regular > regularidad（規則正しさ），simple > simplicidad（単純さ）

-tad：amigo > amistad（友情），difícil > dificultad（困難），enemigo > enemistad（敵意），leal > lealtad（忠実），libre > libertad（自由）

D. -era

主に欠点や不足を表す形容詞に付いて性質・状態を表す女性名詞を形成するが，生産性は低い．

borracho > borrachera（酩酊），flojo > flojera（無気力，怠惰），ronco > ronquera（声のかすれ），sordo > sordera（耳が聴こえないこと），tonto > tontera（愚かさ）

E. -ez, -eza, -icia

いずれも形容詞から性質を表す女性名詞を派生させる接尾辞である．このうち -ez は現代でも生産的である．しかし，-eza は生産性を失っており，-icia はこれと同語源の学識語的な接尾辞であるが，やはり生産性を失っている．

-ez：delgado > delgadez（すらりとしていること），estrecho > estrechez（狭さ），idiota > idiotez（愚劣さ），plácido > placidez（穏やかさ），rápido > rapidez（速さ）

-eza：agudo > agudeza（鋭さ），delicado > delicadeza（繊細さ），gentil > gentileza（上品），grande > grandeza（大きさ），limpio > limpieza（清潔）

-icia：avaro > avaricia（強欲），franco > franquicia（免税），justo > justicia（正義）

F. -ía, -ería, -ia, -ncia

これらは形容詞または名詞から性質や状況を表す女性名詞を派生させる接尾辞である．このうち -ncia はラテン語の現在分詞に由来する -nte で終わる形容詞に付くが，語尾 -nte を削除した上で付加される．

語形変化・語形成

-ía：alegre > alegría（喜び），caballero > caballería（騎士道），cercano > cercanía（近さ），grosero > grosería（下品），maestro > maestría（巧みさ）

-ería：holgazán > holgazanería（怠惰），niño > niñería（子どもっぽさ），novela > novelería（夢想），palabra > palabrería（無駄話），tonto > tontería（愚かさ），útil > utilería（道具）

-ia：acróbata > acrobacia（アクロバット），audaz > audacia（大胆），eficaz > eficacia（効力），inerte > inercia（慣性，無気力），perspicaz > perspicacia（鋭い洞察力）

-ncia：abundante > abundancia（豊富），elocuente > elocuencia（雄弁），ignorante > ignorancia（無知），infante > infancia（幼少，幼年期），paciente > paciencia（忍耐），suficiente > suficiencia（十分，適性）

以上の接尾辞のうち -ia は集合や場所の意味を表すこともある.

ciudadano > ciudadanía（市民権，国民），cofrade > cofradía（信徒会），feligrés > feligresía（教区民），guardarropa > guardarropía（舞台衣装），marinero > marinería（船員）

また，-ería は人・動物・物事の集合および商店を表すためにもよく用いられる. 商店の意味では商人・職人を表す接尾辞 -ero / -era と対応するが，形態論的にどちらが先に派生したのか決めるのは難しい場合が多い. 下記の商店の例はすべて商人・職人名から商店名が派生したものとして取り扱った.

《集合》cristal > cristalería（ガラス製品，ガラス製造所），ganado > ganadería（一地域の家畜），palabra > palabrería（駄弁），pobrete > pobretería（貧民），tubo > tubería（配管）

《商店》carnicero > carnecería（肉屋），cervecero > cervecería（ビアホール），ferretero > ferretería（金物店），frutero > frutería（果物店），heladero > heladería（アイスクリーム店），lavandero > lavandería（クリーニング店），librero > librería（書店），panadero > panadería（パン屋），papelero > papelería（文房具店），pastelero > pastelería（ケーキ店），perfumero > perfumería（化粧品店），peluquero > peluquería（理髪店，美容院），pescadero > pescadería（鮮魚店），relojero > relojería（時計店），zapatero > zapatería（靴店）

《場所》conserje > conserjería（守衛所，コンセルジュ），estante > estantería（本棚），judío > judería（ユダヤ人街）

9．接辞付加

G．-ismo

名詞または形容詞から男性名詞を派生するが，多義的で次のような意味分野にまたがる．

《性質・状態》cínico > cinismo（皮肉），escéptico > escepticismo（懐疑的態度），partido > partidismo（偏愛），salvaje > salvajismo（未開性）

《主義・理論・体制》feudal > feudalismo（封建制），Franco > franquismo（フランコ体制），militar > militarismo（軍国主義），pacífico > pacifismo（平和主義），social > socialismo（社会主義）

《様式・傾向》clásico > clasicismo（古典主義），pedante > pedantismo（知ったかぶり），real > realismo（現実主義，写実主義），romántico > romanticismo（ロマン主義），tremendo > tremendismo（不安を煽る報道）

《語法》americano > americanismo（アメリカ・スペイン語特有の語法，アメリカ借用語），gálico > galicismo（フランス語法），latín > latinismo（ラテン語法），le > leísmo（le 語法），mexicano > mexicanismo（メキシコ語法）

《習慣・病状》alcohol > alcoholismo（アルコール中毒），fetiche > fetichismo（フェティシズム），palúdico > paludismo（マラリア），reumático > reumatismo（リューマチ），tabaco > tabaquismo（ニコチン中毒）

《活動・スポーツ》atleta > atletismo（陸上競技），automóvil > automovilismo（自動車運転），periódico > periodismo（ジャーナリズム），sendero > senderismo（ハイキング），submarino > submarinismo（ダイビング）

H．-ura

形容詞からさまざまな性質や特性を表す女性名詞を派生させ，生産性が高い．

alto > altura（高さ），blanco > blancura（白さ），bravo > bravura（猛々しさ），dulce > dulzura（甘さ，甘美さ），fresco > frescura（涼しさ），hermoso > hermosura（美しさ），loco > locura（狂気）

9.2.4. 動作者・道具・場所を表す名詞の派生

A．-dero / -dera, -torio / -toria

-dero / -dera は動詞から動作者，道具，場所を表す名詞を派生させる．人を表す場合は男性・女性の性交替がある．これには -ndero / -ndera という異

— 79 —

形もある．-torio / -toria は -dero / -dera と同語源の学識語の形式である．いずれも -o で終わるものは男性名詞，-a で終わるものは女性名詞である．

-dero / -dera：cargar > cargadero（荷積み場），colgar > colgadero（フック），fregar > fregadero（流し），podar > podadera（剪定ばさみ），regar > regadera（じょうろ，スプリンクラー）；tender > tendedero（物干し場）

-ndero / -ndera：curar > curandero（民間療法師），hilar > hilandero（紡績工）；barrer > barrendero（道路清掃員）

-torio / -toria：conservar > conservatorio（音楽学校），girar > giratoria（回転式書架），laborar > laboratorio（実験室），observar > observatorio（気象台），reformar > reformatorio（少年院）；dormir > dormitorio（寝室），escribir > escritorio（机）

B. -dor / -dora, -or / -ora

動詞に付加されて動作者，道具，時には場所を表す名詞および形容詞を派生させる生産性の高い接尾辞である．性交替があり，-dor, -or は男性，-dora, -ora は女性である．動詞の現在語幹に付加されるため，-ar 動詞は -a-,-er 動詞は -e-, -ir 動詞は -i- という幹母音が維持される：hablar > habl-a-dor（おしゃべりな人），beber > beb-e-dor（酒飲み），abrir > abr-i-dor（缶切り）．しかし，-or / -ora はラテン語に由来する古い時代に形成されたものが主で，語基は独自の異形態をとるものが多く，語末は -tor / -tora, -sor / -sora のような形式となる．

-dor / -dora：cazar > cazador（猟師），fumar > fumador（喫煙者），jugar > jugador（競技者），madrugar > madrugador（早起きする人），nadar > nadador（泳者）；conocer > conocedor（専門家），poseer > poseedor（所有者），sostener > sostenedor（支持者），vender > vendedor（販売員）；consumir > consumidor（消費者），esgrimir > esgrimidor（フェンシング選手），fundir > fundidor（製錬工，鋳物師），repetir > repetidor（留年生），surtir > surtidor（噴水，ガソリンポンプ）

-or / -ora：ejecutar > ejecutor（実行者），pintar > pintor（画家）；componer > compositor（作曲家），defender > defensor（守護者），leer > lector（読者），proteger > protector（保護者）；conducir > conductor（運転者），elegir > elector（選挙人），emitir > emisor（発行人，送信機）/ emisora（放送局），escribir > escritor（作家），traducir > traductor（翻訳者）

9. 接辞付加

意味的には必ずしも能動的な行為者ではなく，行為に関与する者，被動者の場合もある：confesar > confesor（告解を聞く人＝聴罪司祭），consultar > consultor（相談される人＝相談役），sufrir > sufridor（苦しむ人）

道具・機械を表すためにも多用されるが，男性名詞になる場合と女性名詞になる場合があり，地域により相違することもある．Am. はアメリカ・スペイン語を示す．

-dor / -dora：aspirar > aspirador / aspiradora（掃除機），elevar > elevador（貨物リフト，Am. エレベーター），lavar > lavadora（洗濯機），mezclar > mezcladora（ミキサー），secar > secador / secadora（乾燥機，ドライヤー），tocar > tocador（化粧台，化粧室）；contener > contenedor（コンテナー），encender > encendedor（ライター），tener > tenedor（フォーク）；batir > batidor（泡立て器）/ batidora（ジュースミキサー），exprimir > exprimidor（レモン搾り器）

-or / -ora：ascender > ascensor（エレベーター），traer > tractor（トラクター），imprimir > impresora（印刷機），transmitir > transmisor（送信機）

場所を表す場合は比較的少ないが，-dor には次のような例がある．

cenar > cenador（休憩所），mirar > mirador（展望台）；comer > comedor（食堂），correr > corredor（廊下）；recibir > recibidor（玄関ホール）

C. -ero / -era, -ario / -aria

-ero / -era は名詞または動詞から職業従事者，愛好者，道具あるいは場所を表す名詞を派生させる生産性の高い接尾辞である．これには -adero / -adera, -atero / -atera, -etero / -etera, -icero / -icera のような異形もある．-ario / -aria は -ero / -era と同語源の学識語の形式である．いずれも -o で終わるものは男性名詞，-a で終わるものは女性名詞である．人を表す場合は男性・女性の性交替がある．

-ero / -era：baba > babero（よだれ掛け），basura > basurero（ごみ回収員，ごみ捨て場），bomba > bombero（消防士），brazo > bracero（日雇い労働者），domingo > dominguero（日曜祭日だけ出歩く人），enfermo > enfermera（看護師），flor > florero（花瓶），huevo > huevera（卵立て），leche > lechero（牛乳売り），libro > librero（書店主），papel > papelera（くずかご），puerta > portero（守衛，ゴールキーパー）

— 81 —

語形変化・語形成

-ero / -era は果実を作る植物を表す意味でも用いられる.

> coco > cocotero（ココヤシの木）, limón > limonero（レモンの木）,
> melocotón > melocotonero（桃の木）, tomate > tomatera（トマト［植物］）

また，この接尾辞は集合を表すこともある.

> canción > cancionero（歌集）, ficha > fichero（カードボックス）, refrán >
> refranero（ことわざ集）

-adero / -adera：agarrar > agarradero（取っ手）, pan > panadero（パン職人）

-atero / -atera：agua > aguatero（Am. 水売り）, leña > leñatero（薪取り）

-etero / -etera：café > cafetera（コーヒーポット）, piel > peletero（毛皮商人）, té > tetera（紅茶ポット）

-icero / -icera：carne > carnicero（肉屋，肉食動物）, maní > manicero（Am. ピーナッツ売り）

-ario / -aria：beca > becario（奨学生）, biblioteca > bibliotecario（司書）, empresa > empresario（雇用者）

-ario は人や物事の集合を表す意味でも用いられる.

> cuestión > cuestionario（質問表）, glosa > glosario（用語集）, vecindad >
> vecindario（住民）, vocablo > vocabulario（語彙）

D. -ista

名詞または形容詞から主義・理論を信奉する人，職業・スポーツに携わる人，趣味・傾向を持つ人などを意味する名詞および形容詞を派生する生産性の高い接尾辞であり，性共通である．-ista は -ismo と相関しており，両者どちらの方向から派生することも可能であるが（budista ↔ budismo），常にこの相関関係が成立するわけではない.

《主義・理論の信奉者》anarquía > anarquista（無政府主義者）, Buda > budista（仏教信者）, ecología > ecologista（環境保護運動家）, Marx > marxista（マルクス主義者）, Perón > peronista（ペロン支持者）, raza > racista（人種差別主義者）

《専門家》Cervantes > cervantista（セルバンテス研究者）, documental > documentalista（情報収集家，記録映画製作者）, economía > economista（経済学者）, hispano > hispanista（スペイン語・スペイン文化研究者）, oriental > orientalista（東洋学者）

《職業・スポーツの従事者》ajedrez > ajedrecista（チェス競技者）, cambio

— 82 —

9．接辞付加

> cambista（両替商，為替ディーラー），diente > dentista（歯医者），
eléctrico > electricista（電気技術者），paracaídas > paracaidista（スカイダ
イバー），periódico > periodista（ジャーナリスト），piano > pianista（ピ
アニスト），taxi > taxista（タクシー運転手），tenis > tenista（テニス選手），
violín > violinista（バイオリニスト）

《動作者・関与者》acción > accionista（株主），final > finalista（決勝戦出
場者），libranza > librancista（手形持参人），tratado > tratadista（論文執
筆者）

《趣味・傾向を持つ人》desnudo > desnudista（裸体主義者），enchufe >
enchufista（コネを使う人），lo > loísta（lo語法の話者），macho >
machista（男尊女卑の人），simple > simplista（単純思考の人），triunfal >
triunfalista（自信過剰な人）

E．-nte

動詞から動作者，道具，場所などを表す名詞および形容詞を派生する．人
を表す場合は性共通であるが，少数の名詞には女性形 -nta がある：
dependienta, presidenta, pretendienta, sirvienta．物や場所を表す場合は男性
（m.）が多いが，女性（f.）の場合もある．この接尾辞はラテン語の現在分詞
の形式に由来し，-ar 動詞に付く場合は幹母音 -a-，-er 動詞と -ir 動詞に付く
場合は幹母音 -e- または -ie- の後に付加されるが，大部分は -ar 動詞から派
生する．前述の -dor とこの接尾辞により派生した形式が共存する場合も多い．

《動作者・関与者》amar > amante（愛人），ignorar > ignorante（無知な人），
solicitar > solicitante（申請者）；creer > creyente（信者），pretender >
pretendiente（志願者）；residir > residente（居住者）

《職業従事者》cantar > cantante（歌手），comerciar > comerciante（商人），
traficar > traficante（密売人）；depender > dependiente（店員）；presidir >
presidente（議長，大統領）；servir > sirviente（家事使用人）

《道具・製品》calmar > calmante（m. 鎮静剤），carburar > carburante（m. 内
燃機関燃料），lubricar > lubricante（m. 潤滑油），volar > volante（m. ハ
ンドル），pender > pendiente（m. イヤリング / f. 坂）

《場所》restaurar > restaurante（m. レストラン）；salir > saliente（m. 出っ張
り）

— 83 —

語形変化・語形成

9.2.5. 集合を表す名詞の派生

集合を表す名詞の中心をなすものは集合名詞 (nombre colectivo) である．集合名詞は人・動物・物事の集合を表す名詞で，通常単数形のままで用いられる．集合から転じて豊富さ，場所などの意味を表すこともあり，そうなると集合名詞の枠から外れることになる．他の名詞から集合名詞を派生させる接尾辞としては -ada, -ado, -aje, -al, -ario, -eda, -edo, -ería , -erío, -ero, -ía, -ío など多数あるが，すでに別の項で取り上げた接尾辞も多いので，それらは除いて例を示す．-eda は女性名詞，それ以外は男性名詞となる．

-al：arena > arenal（砂地），arroz > arrozal（稲田），dinero > dineral（大金），maíz > maizal（トウモロコシ畑），manzano > manzanal（リンゴ畑），peñasco > peñascal（岩だらけの土地），pino > pinal（松林）

-ar：escoba > escobar（エニシダ林），junco > juncar（イグサの茂った土地），manzano > manzanar（リンゴ畑），pino > pinar（松林）

-eda：álamo > alameda（ポプラ並木），árbol > arboleda（木立），rosal > rosaleda（バラ園），sauce > sauceda（ヤナギ林）

-edo：arce > arcedo（カエデ林），olmo > olmedo（ニレ林），roble > robledo（オーク林），viña > viñedo（ブドウ園）

-erío：casa > caserío（小集落），grito > griterío（喧騒），mosca > mosquerío（ハエの大群），mozo > mocerío（若い連中），voz > vocerío（騒ぎ声）

-ío：cabra > cabrío（ヤギの群れ），gente > gentío（群衆），mujer > mujerío（女たち），poder > poderío（権力）

9.3. 形容詞派生

9.3.1. 派生形容詞の分類

多くの形容詞が名詞，他の形容詞，動詞などから派生する．形容詞は，その意味から品質形容詞 (adjetivo calificativo) と関連形容詞 (adjetivo relacional) に大別することができる．品質形容詞は人やものの性質，傾向，能力などを表す．関連形容詞は人や物，場所との関係および所属を表す．派生形容詞も，それを派生させる接尾辞の種類によりどちらかに分類できる．しかし，この区分は絶対的なものではなく，文脈によっては関連形容詞が品質形容詞的に用いられることもある．

— 84 —

9．接辞付加

　スペイン語の形容詞は形態的にも統語的にも名詞と共通性が多く，原則として
そのままの形で名詞化することが可能である．名詞派生の項で取り上げ
た動作者を表す接尾辞 -dor, -ero, -ista, -nte の付いた形式は，いずれも形容詞
としても機能する：trabajador［形容詞］よく働く，［名詞］労働者

9.3.2.　品質形容詞の派生

A.　-ble

　主に動詞に付加され，他動詞の場合は受動の可能性「…され得る」，自動詞・
再帰動詞の場合は能動の可能性「…できる」という意味を表す．現在語幹に
付加され，幹母音は -ar 動詞の場合は -a，-er, -ir 動詞の場合は -i- となる．
性変化はしない．

　　《他動詞からの派生》aplicar > aplicable（適用できる），explicar > explicable
　　（説明のつく），prolongar > prolongable（延長可能な）；conocer >
　　conocible（認識できる），entender > entendible（理解可能な），mover >
　　movible（動かせる）；confundir > confundible（混同しやすい），consumir
　　> consumible（消費できる），exigir > exigible（要求できる）

　　《自動詞からの派生》agradar > agradable（楽しい），durar > durable（長持
　　ちする），navegar > navegable（航行可能な），variar > variable（変わり
　　やすい）

　語基の動詞がラテン語に由来する不規則な異形態をとるものもあり，時に
は規則的な派生形式と共存することもある．

　　admitir > admisible（容認できる），leer > legible / leíble（読める），
　　producir > productible / producible（生産可能な），reducir > reductible /
　　reducible（縮小できる），ver > visible（可視の）

　この接尾辞を持つ形容詞にはラテン語から伝承されたもので共時的な派生
過程が想定困難なものも少なくない．

　　afable（優しい），flexible（曲げられる），miserable（悲惨な），perceptible
　　（知覚できる），posible（可能な），sensible（敏感な），sociable（社交的な），
　　susceptible（可能な）

　少数であるが，名詞から派生する例もある．

　　envidia > envidiable（うらやましい），favor > favorable（有利な），gracia
　　> graciable（親切な），salud > saludable（健康によい）

— 85 —

語形変化・語形成

B. -iento, -ento

名詞または形容詞に付き，性質，傾向などを表す形容詞を派生させる．
-iento に対し -ento は異形である．女性形は語尾 -o を -a に変える．

-iento：avaro > avariento（欲深い），calentura > calenturiento（微熱のある），
ceniza > ceniciento（灰色の），hambre > hambriento（飢えた），sangre >
sangriento（血まみれの）

-ento：amarillo > amarillento（黄色っぽい），flacucho > flacuchento（Am.
やせこけた），flato > flatulento（鼓腸性の）

C. -ísimo, -císimo, -érrimo

接尾辞 -ísimo はラテン語における形容詞・副詞の最上級の変化語尾に由
来し，絶対最上級（superlativo absoluto）と呼ばれるが，スペイン語では形容詞・
副詞の比較変化は失われているため，形容詞または副詞に付加されて「とて
も・非常に…」という程度の強さを示す働きをする．女性形は語尾 -o を -a
に変える．

-ísimo：amigo > amiguísimo（とても仲のよい），conocido > conocidísimo
（とても有名な），excelente > excelentísimo（とてもすばらしい），fácil >
facilísimo（とても容易な），frío > friísimo（とても寒い），mismo >
mismísimo（まったく同じ），pesado > pesadísimo（とても重い，大変し
つこい），sagaz > sagacísimo（とても聡明な）

この接尾辞は起源的に学識語であるため語基の形容詞も学識語的な異形態
をとることがある．語尾が -ble となる形容詞は次のように語基に母音 -i- が
挿入される．

amable > amabilísimo（とても親切な），noble > nobilísimo（とても高貴
な），notable > notabilísimo（とても顕著な）

時には学識語的形式と規則的な形式が共存することもある．

antiguo > antiquísimo / antigüísimo（とても古い），bueno > bonísimo /
buenísimo（とてもよい），cierto > certísimo / ciertísimo（とても確実な），
fuerte > fortísimo / fuertísimo（とても強い）

-císimo：bribón > briboncísimo（とても卑劣な），joven > jovencísimo（とて
も若い），mayor > mayorcísimo（とても年長の）

-císimo は -n および -or で終わる形容詞に付加される．

-érrimo：acre > acérrimo（とても強固な），áspero > aspérrimo / asperísimo

— 86 —

（とても粗い），célebre > celebérrimo（とても有名な），libre > libérrimo
（とても自由な），pobre > paupérrimo / pobrísimo（とても貧しい，とて
もかわいそうな）

-érrimo は語末音節に -r- を含む一部の形容詞に付加されるが，上記のよう
に規則的な異形が共存する場合もある．

D. -oso, -ajoso, -uoso

主に名詞，形容詞，動詞から性質，豊富さなどを表す形容詞を派生させる
生産性の高い接尾辞である．-ajoso, -uoso という異形もある．女性形は語尾
-o を -a に変える．接尾辞付加によって類似音が連続するのを避けるため語
基の末尾が重音省略（haplología）により削除されることもある：amistad +
-oso > *amistad-oso > amist-oso（友好的な）．ただし，重音省略は，この接尾
辞に限らず接尾辞付加の際に広く見られる現象である．

-oso：《名詞から》amor > amoroso（愛の），cariño > cariñoso（愛情のこもっ
た），cuidado > cuidadoso（注意深い），duda > dudoso（疑わしい），
espacio > espacioso（広々とした），furia > furioso（激怒した），labor >
laborioso（勤勉な），malicia > malicioso（悪意のある），nube > nuboso
（雲の多い），pereza > perezoso（怠惰な）

《形容詞から》bélico > belicoso（好戦的な），grande > grandioso（壮大な），
verde > verdoso（緑色がかった），voluntario > voluntarioso（意志の強い）

《動詞から》abundar > abundoso（豊富な），borrar > borroso（不鮮明な），
desdeñar > desdeñoso（軽蔑的な），ostentar > ostentoso（華美な），quejar
> quejoso（不満な）

以上の例の中には，名詞由来か動詞由来か明確に決められない場合も多
い：dudar / duda > dudoso，quejar / queja > quejoso

-ajoso：cegar > cegajoso（目がはれぼったい），espuma > espumajoso（あわ
の多い），pegar > pegajoso（ねばねばした）

-uoso：afecto > afectuoso（愛情のこもった），defecto > defectuoso（欠陥の
ある），majestad > majestuoso（威厳のある），respeto > respetuoso（丁重
な），tumulto > tumultuoso（騒然とした）

E. -udo

名詞に付加されて大きさ，豊富さ，過剰，不格好さなどを表す形容詞を派
生させる．女性形は語尾 -o を -a に変える．

― 87 ―

barba > barbudo（ひげもじゃの），hocico > hocicudo（鼻面の大きな，唇
の厚い），pelo > peludo（毛深い），oreja > orejudo（耳の長い），panza >
panzudo（腹の出た），pata（動物の足）> patudo（足の大きい）

9.3.3. 関連形容詞の派生

関連形容詞は人・物・場所との関連や所属を表す．その中で重要な部分を
占めるのが地名形容詞または住民形容詞（adjetivo gentilicio）である．地名か
ら派生してその地域との関連を示し，名詞化するとその出身者，住民，言語
を示すためにも用いられる：Japón > japonés（日本の，日本人，日本語）．ス
ペイン語は地名形容詞を派生させる接尾辞が非常に多様で，主なものとして
-ano, -eño, -ense, -és, -eño, -ino, -ita などがあるが，どれが選択されるかを決
める明確な基準は見つからない．こうした多様性を利用して同名の地名から
派生する形容詞を相違させ，指示する地名を区別することもある．

Santiago de Compostela［スペイン］> santiagués，Santiago de Chile［チ
リ］> santiaguino，Santiago del Estero［アルゼンチン］> santiagueño,
Santiago de Cuba［キューバ］> santiaguero

A.　-al, -ar

-al は非常に生産性の高い接尾辞で，名詞に付加されて関連形容詞を派生
する．性変化はしない．ラテン語に由来する古い時代に形成されたものも多
く，そうした語は語基が異形態となる場合が少なくない．語基の末尾音節に
-l- が含まれていると，接尾辞は同音を避けて -ar となるのが普通である．

-al：centro > central（中心の），comercio > comercial（商業の），estado >
estatal（国家の），globo > global（全体の），materia > material（物質の），
nación > nacional（国の），primavera > primaveral（春の）

-ar：ángulo > angular（角の），círculo > circular（円形の），ejemplo >
ejemplar（模範的な），familia > familiar（家族の），sol > solar（太陽の）

-al の異形として -ial, -ual もある．

-ial：dictador > dictatorial（独裁者の），mundo > mundial（世界的な），
parte > parcial（部分的な），raza > racial（人種的な），sensor > sensorial
（感覚器の）

-ual：año > anual（毎年の），grado > gradual（段階的な），mano > manual
（手を使う），texto > textual（原文の），uso > usual（日常の）

— 88 —

9．接辞付加

-al, -ar は名詞に付加されて集合や場所を示す名詞を派生することもある
が，これは名詞派生の項で取り上げた（§9.2.5）.

B． -ano, -iano

-ano は住民形容詞および住民名詞（sustantivo gentilicio）を派生させる代表
的な接尾辞の一つで生産性が高い．女性形は語尾 -o を -a に変える．語基の
形式はさまざまであるが，-a で終わる地名にはこの接尾辞が付きやすい.

-ano：África > africano（アフリカの），América > americano（アメリカの），
Italia > italiano（イタリアの），México > mexicano（メキシコの），Perú
> peruano（ペルーの），Tíbet > tibetano（チベットの），Toledo > toledano
（トレドの），Valencia > valenciano（バレンシアの）

語基の地名の異形態から派生することもある.

Castilla > castellano（カスティーリャの），Nápoles > napolitano（ナポリ
の），Turkmenistán > turcomano（トルクメニスタンの），Valladolid >
vallisoletano（バヤドリードの），Venezuela > venezolano（ベネズエラの）

人名に付加されて関連形容詞・名詞を派生することもある.

Confucio > confuciano（孔子の，儒者），Copérnico > copernicano（コペ
ルニクスの），Francisco > franciscano（フランシスコ会の，フランシス
コ会士），Gregorio > gregoriano（グレゴリウス（13 世）教皇の），Lutero
> luterano（ルーテル派の，ルーテル派信者）

この接尾辞は普通名詞，時には副詞に付加されて一般的な関連形容詞を派
生することもある.

cerca > cercano（近くの），ciudad > ciudadano（市民の），lejos > lejano（遠
くの），mundo > mundano（世俗的な），república > republicano（共和国
の），suburbio > suburbano（郊外の）

-iano / -iana は異形であるが，-ia で終わる語基に対応する -iano の場合を
除くと，これが付加される明確な条件を決めるのは難しい.

-iano：Agustín > agustiniano（聖アウグスティヌスの）Ecuador >
ecuatoriano（エクアドルの），Euclides > euclidiano（ユークリッドの），
Kant > kantiano（カントの），Laos > laosiano（ラオスの），Lorca >
lorquiano（ロルカの），Sahara > sahariano（サハラの），Wagner >
wagneriano（ワグナーの）

— 89 —

語形変化・語形成

C. -eco, -teco

メキシコ・中米のナウアトル語 (náhuatl) に由来する地名から住民形容詞・名詞を派生させる地域性のある接尾辞である. -teco は -eco の異形である. 女性形は語尾 -o を -a に変える.

-eco: Guanacaste > guanacasteco (［ニカラグアの県］グアナカステの), Mazatlán > mazatleco (［メキシコの都市］マサトランの), Tamaulipas > tamaulipeco (［メキシコの州］タマウリーパスの), Yucatán > yucateco (［メキシコの州］ユカタンの), Zacatecas > zacateco (［メキシコの州・州都］サカテカスの)

-teco: Chiapas > chiapateco (［メキシコの州］チアパスの), Cholula > cholulteco (［メキシコの都市］チョルーラの), Guatemala > guatemalteco (グアテマラの), Tlaxcala > tlaxcalteco (［メキシコの州・州都］トラスカーラの)

D. -eño

地名から住民形容詞・名詞を派生させる接尾辞である. 女性形は語尾 -o を -a に変える.

Caracas > caraqueño (カラカスの), Costa Rica > costarriqueño (コスタリカの), Extremadura > extremeño (エストゥレマドゥーラの), Honduras > hondureño (ホンジュラスの), Lima > limeño (リマの), Panamá > panameño (パナマの)

これも普通名詞に付加されて一般的な関連形容詞を派生することがある.

hogar > hogareño (家庭の), isla > isleño (島の), lugar > lugareño (村の), navidad > navideño (クリスマスの), norte > norteño (北部の)

E. -és, -ense, -iense

同じく住民形容詞・名詞を派生させる接尾辞である. -és は女性形が -esa となる. -ense は学識語的な形式で性共通であり, -iense はその異形である.

-és: Aragón > aragonés (アラゴンの), Barcelona > barcelonés (バルセローナの), Córdoba > cordobés (コルドバの), Francia > francés (フランスの), Ginebra > ginebrés (ジュネーブの), Portugal > portugués (ポルトガルの), Tailandia > tailandés (タイの)

-ense: Buenos Aires > bonaerense (ブエノスアイレスの), Chihuahua > chihuahuense (［メキシコの州・州都］チワワの), Córdoba > cordobense

（[コロンビアの県]コルドバの），Estados Unidos > estadounidense（アメリカ合衆国の），Londres > londinense（ロンドンの），Nicaragua > nicaragüense（ニカラグアの），Singapur > singapurense（シンガポールの）

-iense：Atenas > ateniense（アテネの），Canadá > canadiense（カナダの），Jalisco > jalisciense（[メキシコの州]ハリスコの），París > parisiense（パリの）

F. -í

主にセム系言語（アラビア語，ヘブライ語など）の地域およびイスラム圏の地名から住民形容詞・名詞を派生させる．性変化はしない．イスラム文化に関連する固有名詞から形容詞を形成することもある．

Al-Ándalus > andalusí（イスラム・スペインの），Alfonso > alfonsí（アルフォンソ 10 世の），Israel > israelí（イスラエルの），Irán > iraní（イランの），Kuwait > kuwaití（クウェートの），Marruecos > marroquí（モロッコの），Pakistán > pakistaní（パキスタンの），Yemen > yemení（イエメンの）

G. ´-ico, -ático

いずれも名詞から関連形容詞を派生させる．-ico は接尾辞の直前の音節に強勢が置かれ，どちらの派生語も末尾第 3 音節強勢語となるのが特徴である．女性形は語尾 -o を -a に変える．付加される語基が異形態をとることもある．

´-ico / ´-ica：alcohol > alcohólico（アルコールの），cubo > cúbico（立方体の），número > numérico（数の），patriota > patriótico（愛国の），teléfono > telefónico（電話の）

-ático / -ática：Asia > asiático（アジアの），carisma > carismático（カリスマ的な），drama > dramático（劇的な），manía > maniático（偏執的な），problema > problemático（問題のある）

H. -ino

地名から住民形容詞・名詞を派生させる接尾辞である．女性形は語尾 -o を -a に変える．

Andes > andino（アンデスの），Argelia / Argel > argelino（アルジェリアの，アルジェの），Bilbao > bilbaíno（ビルバオの），Granada > granadino（グラナダの），Túnez > tunecino（チュニジアの，チュニスの），Nueva York > neoyorquino（ニューヨークの）

— 91 —

人名から関連形容詞を派生させることもある.

> Cervantes > cervantino (セルバンテスの), Fernando > fernandino (フェルナンド7世の), Góngora > gongorino (ゴンゴラの), Isabel > isabelino (イサベル2世の, [英国] エリザベス女王の)

また, 普通名詞から一般的な関連形容詞を派生させることもある.

> capital > capitalino (首都の), cristal > cristalino (結晶の), daño > dañino (有害な), león > leonino (ライオンの), mar > marino (海の, 船員)

I. -ita

地名から住民形容詞・名詞を派生させる. 性変化はしない. かつてはセム語系の固有名詞から形容詞を派生させるのによく用いられたが, 現在では -í に取って代わられている. 人名から関連形容詞を派生させることもある.

> Carmelo > carmelita (カルメル会の), Ismael > ismaelita (イスマエルの後裔の, アラビア人の), Jesús > jesuita (イエズス会の), Moscú > moscovita (モスクワの), Nayarit > nayarita ([メキシコの州] ナヤリートの), Vietnam > vietnamita (ベトナムの)

J. -ivo

動詞または名詞に付加されて関連または能力を表す形容詞を派生させる. この接尾辞の前には必ず子音 -s- または -t- が来るのが原則で, 語基の末尾にそれが欠けていれば加えられる. 女性形は語尾 -o を -a に変える.

> ofensa > ofensivo (侮辱的な), permiso > permisivo (容認している), progreso > progresivo (進歩的な) ; conflicto > conflictivo (紛争の), deporte > deportivo (スポーツの), efecto > efectivo (有効な)

動詞に付加される場合, -ar 動詞に対しては -ativo, そして -er, -ir 動詞に対しては -itivo という構成をとる.

> calificar > calificativo (形容する), indicar > indicativo (指示する), llamar > llamativo (人目を引く), negar > negativo (否定の) ; definir > definitivo (決定的な), dormir > dormitivo (催眠性の), intuir > intuitivo (直感的な)

K. -o

ここで取り上げる -o は地名から住民形容詞・名詞を派生させる機能を持つ. 女性形は -o を -a に変える. この接辞は性標識の -o / -a と同じものと考

えることも可能である．付加される語基は主に -ia または -a で終わる地名である．

> Argentina > argentino（アルゼンチンの），California > californio（カリフォルニアの），Canarias > canario（カナリア諸島の），Escandinavia > escandinavo（スカンディナビアの），Filipinas > filipino（フィリピンの），Jordania > jordano（ヨルダンの），Mauritania > mauritano（モーリタニアの），Moldivas > moldivo（モルディブの），Navarra > navarro（ナバラの），Palestina > palestino（パレスチナの），Paraguay > paraguayo（パラグアイの），Rumania > rumano（ルーマニアの），Suiza > suizo（スイスの），Tanzanía > tanzano（タンザニアの），Uruguay > uruguayo（ウルグアイの），Zimbabue > zimbabuo（ジンバブエの）

　一見すると，これと同じ対応関係にある地名と住民形容詞が他にも多数見られる：Bulgaria: búlgaro（ブルガリアの），Eslovaquia: eslovaco（スロバキアの），India: indio（インドの），Normandía: normando（ノルマンの，ノルマンジーの），Rusia: ruso（ロシアの）．しかし，これらは歴史的には民族名から地名が派生したものである．

9.4. 動詞派生

9.4.1. 接尾辞による動詞派生

　動詞は名詞，形容詞，副詞などから派生されることがある．その方法としては接尾辞付加と複接派生がある．まず接尾辞付加を取り上げるが，以下では便宜的に不定詞語尾 -r を加えたものを接尾辞として示す．

　主な接尾辞としては下記のようなものがあり，いずれも主に名詞と形容詞に付加される．-ar の場合は語基に接尾辞というより屈折接辞の幹母音 -a- が付加されたものと見ることもできるので，直接派生（derivación inmediata）と呼ばれることもある．-etear や -otear に含まれる -et- や -ot- は挿入辞と考えられるが，接尾辞の一部を構成するものとして扱う．いずれも動詞の活用型は -ar 動詞または少数の -er 動詞である．他動詞を形成する場合が多いが，自動詞も含まれる．これらの中にはすでにラテン語の時代に形成されたものもあるが，共時的観点により派生関係を示す．

　-ar：abanico > abanicar（扇ぐ），adelante > adelantar（前進させる），alegre

> alegrar（喜ばせる），almacén > almacenar（倉庫に入れる），barba > barbar（あごひげを生やす），cepillo > cepillar（ブラシをかける），evolución > evolucionar（進化する），ficha > fichar（カードに記入する），limpio > limpiar（きれいにする），origen > originar（引き起こす）

-ear：agujero > agujerear（穴を開ける），golpe > golpear（打つ），humo > humear（煙を出す），redondo > redondear（丸くする），voz > vocear（大声で叫ぶ）

-ecer：favor > favorecer（有利にする），flor > florecer（花が咲く），húmedo > humedecer（湿らせる），negro > negrecer（黒くなる），pálido > palidecer（青ざめる）

-etear：clavo > clavetear（鋲を打つ），correr > corretear（駆け回る），flor > floretear（花で飾る），golpe > golpetear（何度もたたく），toque > toquetear（いじくる）

-ificar：clase > clasificar（分類する），denso > densificar（濃くする），ejemplo > ejemplificar（例示する），intenso > intensificar（強化する），puro > purificar（浄化する）

-itar：débil > debilitar（弱める），dormir > dormitar（うとうとする），feliz > felicitar（祝う），hábil > habilitar（資格を与える），posible > posibilitar（可能にする）

-izar：alcohol > alcoholizar（アルコール化する），moderno > modernizar（近代化する），nacional > nacionalizar（国有化する），órgano > organizar（組織する），tranquilo > tranquilizar（安心させる）

-otear：charla > charlotear（おしゃべりする），gemir > gimotear（めそめそ泣く），mano > manotear（平手打ちする），pico > picotear（ついばむ），pisar > pisotear（踏みつける）

-uar：acento > acentuar（強調する），concepto > conceptuar（考える），excepto > exceptuar（除外する），grado > graduar（調節する），punto > puntuar（句読点を打つ）

9.4.2. 複接派生

複接派生（parasíntesis）とは語基に接頭辞と接尾辞を同時に付加させる派生法である．複接派生は形容詞などの派生にも利用されることがある：

9. 接辞付加

naranja（オレンジ）> *a*-naranj-*ado*（オレンジ色の）, cafeína（カフェイン）> *des*-cajein-*ado*（カフェイン抜きの）. しかし, この方法がスペイン語で最もよく見られるのは動詞派生の分野であり, 現在も生産性が高い.

　動詞派生のために利用される接頭辞と接尾辞の組み合わせは限られており, 接頭辞は a-, en-, des- が一般的である. よく利用されるのは次のような組み合わせパターンである. 接尾辞の部分は不定詞語尾 -r を付けた形で示す. 時には二つのパターンによる形式が並立することもある：grande > agrandar / engrandecer（大きくする）. 二つの接辞に挟まれる語基の部分は主に名詞または形容詞である.

a- ... -ar：cerca > acercar（近づける）, claro > aclarar（明らかにする）, largo > alargar（長くする）, lejos > alejar（遠ざける）, lumbre > alumbrar（照らす）, prisión > aprisionar（収監する）

a- ... -ear：lanza > alancear（槍で突く）, palo > apalear（棒でたたく）, piedra > apedrear（投石する）, porra > aporrear（棍棒で殴る）, sol > asolear（日に当てる）

a- ... -ecer：noche > anochecer（日が暮れる）, tarde > atardecer（日が暮れる）

a- .... -izar：bandería > abanderizar（分裂させる）, tierra > aterrizar（着陸する）, temor > atemorizar（おびえさせる）, terror > aterrorizar（怖がらせる）

des- ... -ar：broza > desbrozar（雑草を取り除く）, cabeza > descabezar（頭を切り落とす）, camino > descaminar（間違った方向に導く）, pluma > desplumar（羽毛をむしり取る）, trozo > destrozar（粉々にする）

en- ... -ar：amor > enamorar（恋させる）, barco > embarcar（乗船させる）, botella > embotellar（びんに詰める）, cajón > encajonar（箱に入れる）, frío > enfriar（冷やす）, polvo > empolvar（ほこりだらけにする）, raíz > enraizar（根付く）, sucio > ensuciar（汚す）

en- ... -ear：blanco > emblanquear（白くする）, señor > enseñorearse（わが物とする）

en- ... -ecer：bello > embellecer（美化する）, moho > enmohecer（錆びつかせる）, orgullo > enorgullecer（自慢に思わせる）, rico > enriquecer（豊かにする）, soberbia > ensoberbecer（傲慢にする）, triste > entristecer（悲しませる）

語形変化・語形成

en- ... -izar：pólvora > empolvorizar（ほこりだらけにする），cólera > encolerizar（怒らせる），fervor > enfervorizar（熱狂させる），trono > entronizar（即位させる）

9.5. 評価辞派生

9.5.1. 評価辞とは

　評価辞（apreciativo）とは主に名詞や形容詞に付加され，主観的あるいは感情的な意味を付け加える接尾辞である．人や物の名詞に関して縮小辞は小ささ，拡大辞は大きさのようなある程度客観的なサイズの意味を付け加えるのが本来の役割である：gato（猫）> gatito（子猫），hombre（男）> hombrón（大男）．しかし，その用法が拡大して親愛，愛着，誇張，皮肉，軽蔑などの主観的な意味合いを表すためにも使用される．スペイン語の特に話し言葉でよく使用されるが，地域差もあり，スペインよりもイスパノアメリカでその使用が目立つ．評価辞は縮小辞（diminutivo），拡大辞（aumentativo）および軽蔑辞（peyorativo）に分類される．しかし，縮小辞や拡大辞は場合によって軽蔑辞に転化することもある．

　評価辞が付加されるのは主に名詞（camino（道）> caminito）と形容詞（ligero（軽い）> ligerito）である．固有名詞では人名に付くことがよくあり，愛称を作る：Juan > Juanito, Teresa > Teresita. しかし，一般に関連形容詞（例えばnacional, público, diario など）に付くことはない．名詞・形容詞以外では副詞（ahora（今）> ahorita），現在分詞（callando（黙って）> callandito），過去分詞（sentado（座った）> sentadito），数量詞（poco（少し）> poquito）などに付加されることもある．このような副詞や数量詞への付加は特にイスパノアメリカでよく見られる．名詞以外のものに付く場合，そのニュアンスをうまく日本語訳するのは困難なことが多い．

　評価辞は話し言葉で多用され，さまざまの語に付加されるが，前記の形容詞以外でも付く語に制約がある．その制約の一つは意味的な要因，もう一つは音韻的な要因である．具象的な意味を表す名詞や日常頻繁に使用される抽象名詞には付きやすいが，専門語や学識語的な語彙にはなじまない．音韻的な要因としては語末が強勢母音の -í, -ó, -ú（jabalí（イノシシ），menú（メニュー），dominó（ドミノ）や子音 -d で終わる語（verdad（真実））には付き難

― 96 ―

いとされる．ただし，カリブ地域では verdad に対し verdadita, verdacita の
ような例も見られる．

名詞に評価辞が付加される場合，語基の性はそのまま維持されるのが原則
である：muchacho（少年）> muchachito, muchacha（少女）> muchachita. 語
基の性と評価辞の語尾選択の関連については縮小辞の項で取り上げることに
する．例外的に一部の評価辞，例えば拡大辞 -ón は語基の性を変えることが
ある：película（映画）> peliculón（良い映画，退屈な映画）．ただし性が変わ
ると，この例のように多少とも意味が変わる場合が多い．

評価辞が付加されても語基の属する語類または品詞が変わることはない．
その意味で評価辞は屈折接辞と類似点があるが，派生接辞の一種である．評
価辞が付加されると，語彙的意味はほとんど変わらない場合とかなり変わる
場合がある．前者は，主観的・感情的な意味合いが加わるだけで語基の語彙
的な意味は変わらない場合（amigo［友だち］> amiguito），あるいは寸法・規
模の大きさが変わるだけで問題なく意味解釈ができる場合（casa［家］>
casita［小さい家］）である．このような透明な意味の場合は臨時的な語形成
として扱われ，通常は辞書に記載されることもない．後者は，評価辞の加わっ
た語の意味を語基の意味から類推するのが難しい場合である：coche（乗用
車）> cochecito（ベビーカー），cigarro（葉巻）> cigarrillo（紙巻たばこ）．こ
のような不透明な意味の場合は語基とは完全に別の語と認知され，辞書に記
載されることになる．

評価辞は類似した種類のもの，時には同じものが繰り返し付加されること
がある．評価辞の多重付加は特に縮小辞で起きやすい：poco（少し），
poqu-*ito*, poqu-*it-ito*, poqu-*it-illo*；chico（ 小 さ い ）> chiqu-*ito*, chiqu-*it-ito*,
chiqu-*irrit-ito*, chiqu-*it-in*. この場合は同じ意味の強調であるが，評価辞の多
重付加で語彙的意味が変わることもある：calza（長靴下，半ズボン）>
calzón（半ズボン）> calzoncillo（パンツ）

9.5.2. 縮小辞

A. 縮小辞の種類

縮小辞は指小辞とも言い，語基に付加されて小ささ，軽少，親近感，愛情，
強調などの意味合いを加える．最もよく使用される形式は -ito / -ita であり，
どの地域でも使用頻度が高いが，特にイスパノアメリカでは全般的に好まれ

— 97 —

る．その他の接尾辞の分布には地域的な傾向も見られ，-illo / -illa はアンダルシーアとスペイン東部で好まれ，-ín / -ina はスペイン北西部，-ino / -ina は同北東部，-iño / -iña はガリシア，-ejo / -eja はスペインのラ・マンチャ地方，南米のラ・プラタ地域とアンデス地域，-ingo / -inga はボリビア，-ico / -ica および -itico / -itica はカリブ地域で好まれると言われる（RAE 2009: §9.5）．

B. 縮小辞 -ito の異形

同じ縮小辞でも語基により異形が現れることがある．使用頻度の高い -ito を例にとると，-ito の他に -cito, -ecito, -ececito などが見られる．これらの異形に見られる要素 -c- /θ/, -ic- /iθ/, -ec- /eθ/ は語根と接尾辞の間に入った挿入辞であるが，これを含む形式を接尾辞 -ito の異形態として扱うことにする．これらの異形の分布には概ね次のような原則が働いていると見られる．ただし，例外もあり，地域によって相違が生じることもある．

1）一般に無強勢母音 -o, -a で終わる語は -ito / -ita が付加される．

hijo（息子）> hijito, mesa（テーブル）> mesita（ナイトテーブル）

2）無強勢母音で終わる2音節語で，強勢音節に二重母音 -ie- または -ue- が含まれる場合は -ecito / -ecita が付加される．

hierba（草）> hierbecita, puente（橋）> puentecito

ただし，イスパノアメリカでは -ito と -ecito が競合することがある：

viejo（年を取った）> viejecito / viejito, juego（競技）> jueguecito / jueguito

3）無強勢母音 -e で終わる語は，3音節以上であれば -ito / -ita が付加されるが，2音節であれば -ecito / -ecita が付加される．

compadre（代父）> compadrito；madre（母親）> madrecita

4）強勢母音で終わる語には -cito / -cita が付加される．

sofá（ソファー）> sofacito, café（コーヒー）> cafecito, ahí（そこに）> ahicito

5）強勢母音で終わる単音節語には -ececito / -ececita が付加される．ただし，この例は非常にまれである：pie（足）> piececito

6）2音節以上で -n, -r 以外の子音で終わる語には -ito / -ita が付加される．

árbol（木）> arbolito, Jesús［男子名］> Jesusito, tapiz（タペストリー）> tapicito, reloj（時計）> relojito

7）2音節以上の -n, -r で終わる語には -cito / -cita が付加される．

— 98 —

9．接辞付加

cajón（引き出し）> cajoncito, amor（愛）> amorcito

8）単音節の子音で終わる語は変異が多いが，人名の場合は -ito / -ita が普通である．

Juan［男性名］> Juanito, Paz［女性名］> Pacita

それ以外では -cito / -cita と -ecito / -ecita が競合する．

flor（花）> florecita / florcita, sol（太陽）> solecito / solcito, tren（列車）> trenecito / trencito

これには地域的な傾向もあり，スペインでは -ecito / -ecita，イスパノアメリカでは -cito / -cita が好まれる（RAE 2009: §9.5）.

C. 縮小辞 -ito の語尾選択

縮小辞は -ito / -ita, -illo / illa, -ín / -ina のように性により語尾が対立する形式がペアになっているが，拡大辞や軽蔑辞も同様である．語基に付加される際，この対立形式のどちらが選択されるのか，最も頻度の高い縮小辞 -ito / -ita を例にとって示すことにしたい．名詞に付加されるとき，一般に男性名詞には -ito が，女性名詞には -ita が選択されると言えば当てはまる場合が多いが，常にそうなるわけではない．実例を分析すると，むしろ性のような意味の問題よりも形態的な問題が重要であると言える．これは副詞や数量詞のように性のない語の場合にはなおさら当てはまることである．次のような原則が確認できる．以下，男性（m.），女性（f.），性共通（m-f.）と略記する．

1）語類に関わりなく母音 -o で終わる語には -ito が，-a で終わる語には -ita が付加される．語尾の -o / -a が縮小辞の語尾にコピーされると言うこともできる．名詞の場合，その文法的性とは無関係である．

hermano（m. 兄，弟）> hermanito, libro（m. 本）> librito, foto（f. 写真）> fotito；hermana（f. 姉，妹）> hermanita, cabeza（f. 頭）> cabecita, cura（m. 教区司祭）> curita, drama（m. 演劇）> dramita

この原則の唯一の例外は女性名詞 mano（手）で，manita となる．

個人名に付く場合もこの原則は変わらず，男性名・女性名のどちらにも適用される：［男性名］Alfonso > Alfonsito, Pablo > Pablito；［女性名］Ana > Anita, Elena > Elenita, Amparo > Amparito, Rosario > Charito / Sarito. 外国の人名も同様で，性別とは無関係と見られる：Noriko > Norikito

名詞・形容詞以外の性を持たない語類，すなわち副詞，数量詞，現在分

— 99 —

詞などにもこの原則が適用できる：abajo（下へ）> abajito, luego（後で）> lueguito, tanto（それほど多く）> tantito, andando（歩きながら）> andandito；ahora（今）> ahorita, cerca（近くに）> cerquita, nada（何も …ない）> nadita

以上の例を見ると，縮小辞が語基の語尾母音の前にまるで接中辞のように割り込んでいるとも見えるが，次項以下を見ると，そのような一般化はできない．この問題についてはさらに後で検討する．

2）-o, -a 以外の語尾で終わる普通名詞は文法的性に従い，男性名詞には -ito，女性名詞には -ita が付加される．

> hombre（m. 男）> hombrecito, pastor（m. 羊飼い）> pastorcito, salón（m. 広間）> saloncito；leche（f. 乳）> lechecita, mujer（f. 女）> mujercita, nación（f. 国家）> nacioncita

性共通名詞の場合は，その指示対象の性別に従いどちらかが選択される：joven（m-f. 若者）> jovencito（m. 若い男）/ jovencita（f. 若い女）

3）-o, -a 以外の語尾で終わる名詞が個人名の場合は，指示対象の性別に従い，男性名には -ito，女性名には -ita が選択される．

> 《男性名》José > Joseíto / Joselíto, Miguel > Miguelito, Andrés > Andresito
> 《女性名》Irene > Irenecita / Irenita, Raquel > Raquelita, Carmen > Carmencita / Carmita

4）-o, -a 以外の語尾で終わる名詞以外の語には必ず -ito（またはその異形）が付加される．

> tarde（遅く）> tardecito / tardito, aquí（ここに）> aquicito, allá（あちらへ）> allacito, atrás（後ろへ）> atrasito

ただし，この中で tarde が名詞（f. 午後）の場合は 2）の原則に従い tardecita となる．唯一この規則の例外と思われるのはイスパノアメリカに見られる形式 ya（すでに）> yaíta である．ただし，yacito という語形も存在する．

D. 接中辞的な -ito / -ita

他の縮小辞とは異なり -ito / -ita は一見接中辞とも見える付加の仕方を示すことがある．例えば，［普通名詞］cosmos（コスモス）> cosmitos, paraguas（こうもり傘）> paragüitas, azúcar（砂糖）> azuquítar（azucarcito,

— 100 —

azucarito もある）；［男性名］Carlos > Carlitos, Lucas > Luquitas, Víctor > Victítor（Victorcito もある）；［女性名］Mercedes > Merceditas, Gertrudis > Gertruditas, Dolores > Dolorcitas（Dolorita もある）；［副詞］apenas（ほとんど…ない）> apenitas, lejos（遠くに）> lejitos. これらの例に共通するのはいずれも末尾第2音節強勢語で語末が -s または -r で終わることである. 同じく末尾第2音節強勢語であるが, 例外的に -n で終わる語の例もある: Esteban > Estebitan（Estebancito~Estebanito もある）

　このような事例をどう扱うべきか, これまでさまざまな議論が行われてきた. 一つの仮説は -it- という形式の接中辞を想定するものである：cosmos + -it- > cosm-it-os, paraguas + -it- > paragü-it-as. 接中辞説を拡大すると, 通常は接尾辞付加とされている例にまでこれを適用することもできなくはない：hijo + -it- > hij-it-o, hija + -it- > hij-it-a. しかし, -o, -a 以外の語尾で終わる語には接中辞説は適用できない：hombre > *hombr-it-e, Mercedes > *Merced-it-es. これに対し, このような事例に -itos / -itas, -ítar のような異形を設定する考え方もある：cosmos + -itos > cosm-itos, azúcar + -ítar > azuqu-ítar. しかし, これは個別に例外的な削除と付加のプロセスを仮定するもので, あまりに場当たり的である.

　結局, -ito / -ita は他の接尾辞と同じく本来は接尾辞であるが, 末尾第2音節強勢語で -s または -r で終わる語に対しては末尾第2音節強勢語という音韻パターンを維持するため接中辞的にふるまうことがあると想定するのが妥当と思われる. すなわち, これらの語のうち語末音節に -o- を含む場合は文法的性の相違やその有無にかかわらず -ito- が, -a- を含む場合は同じく -ita- が付加され, 語基の母音は削除される：Marcos［男性名］+ -ito- > Marqu-ito-os > Marquitos, almíbar（シロップ）+ -ita- > almib-ita-ar > almibítar. 語末音節に -o-, -a- が含まれない場合, それが女性名であれば -ita- が付加され, 語基の語末母音は削除される：Mercedes + -ita- > Merced-ita-es > Merceditas, Gertrudis + -ita- > Gertrud-ita-is > Gertruditas

E. 縮小辞付加の実例

　主要な縮小辞について付加された例を示す. 付加によって語義がかなり変わる場合は派生語の意味も示す.

　-ete / -eta：amigo（友だち）> amiguete, camisa（シャツ）> camiseta（T シャツ）, casa（家）> caseta（小屋, 屋台）, historia（歴史, 話）> historieta（逸

話，漫画），palacio（宮殿）> palacete（別邸），torero（闘牛士）> torerete；alegre（楽しい）> alegrete，viejo（年取った，老人）> viejete

-ico / -ica：burro（ロバ）> burrico，pájaro（小鳥）> pajarico，pie（足）> piececico，señor（紳士）> señorico；joven（若い，若者）> jovencico，malo（悪い，悪者）> malico

-illo / -illa：bolso（ハンドバッグ）> bolsillo（ポケット），bomba（ポンプ，爆弾）> bombilla（電球），brazo（腕）> bracillo，calabaza（カボチャ）> calabacilla，dinero（お金）> dinerillo（小金），guerra（戦争）> guerrilla（ゲリラ部隊，ゲリラ戦），mano（手）> manecilla（時計の針），manzana（リンゴ）> manzanilla（カモミール），pan（パン）> panecillo，pez（魚）> pececillo，jabón（石鹸）> jaboncillo，torre（塔）> torrecilla，ventana（窓）> ventanilla（乗り物の窓，窓口）；amargo（苦い）> amarguillo，blanco（白い）> blanquillo（精白した），listo（利口な）> listillo（知ったかぶりの）

-ín, -ino / -ina：agujero（穴）> agujerín，borracho（酔っ払い）> borrachín，casa > casina，chico（男の子）> chiquito > chiquitín，culebra（ヘビ）> culebrina（稲妻），niebla（霧）> neblina（もや），paloma（ハト）> palomino；estúpido（愚かな）> estupidín，poco（僅かな）> poquito > poquitín

-iño / -iña：bobo（間抜け）> bobiño，casa > casiña，gracias（ありがとう）> ［ガリシア］graciñas，rebozo（ショール）> rebociño

-ito / -ita：andaluza（アンダルシーアの女性）> andalucita，conejo（ウサギ）> conejito，gallina（雌鶏）> gallinita，nieto（孫）> nietecito，ojo（目）> ojito，paloma > palomita（ポップコーン），tarde（午後）> tardecita；derecho（まっすぐな）> derechito，temprano（早く）> tempranito，todo（すべての）> todito

-uelo / -uela：calleja（路地）> callejuela，castaña（クリ）> castañuela（カスタネット），joven > jovenzuelo，paño（毛織物，布）> pañuelo（ハンカチ），puerta（扉）> portezuela（乗り物のドア），rey（王）> reyezuelo（小国の王）

9.5.3. 拡大辞

拡大辞は示大辞とも言う．「大きい」という基本的な意味を語基に加えるが，

— 102 —

9. 接辞付加

同時に肯定的な誇張または過剰，不格好，滑稽，グロテスク，不快などの否定的な主観的な意味合いを伴いやすい．拡大辞とされるものが時には語基よりも小さい指示対象を指すこともある：ánade（カモ）> anadón（子ガモ），rata（ネズミ）> ratón（ハツカネズミ）．拡大辞の中では -ón が最も使用頻度が高く，-ote がこれに次ぐ．前述のとおり，-ón が付加されると語基の名詞の性が変わることがある．方向は一方的で，女性名詞に -ón が付加されて男性名詞に変わり，意味も変わって肯定的な称揚または否定的な軽蔑のニュアンスが加わる：cabeza（頭）> cabezón（大頭），novela（小説）> novelón（すばらしい長編小説，通俗的な長編小説）．拡大辞は名詞または形容詞に付加されるが，-azo / -aza が形容詞に付くことはほとんどない．この接尾辞は動作を表す派生接尾辞の項で取り上げた -azo と同形である．

　次に主要な拡大辞とそれが付加された語例を示す．語義がかなり変わるものは派生語にも意味を記す．

- **-azo / -aza**：amigo > amigazo（仲間），boca（口）> bocaza / bocazas（おしゃべりな人），carne（肉）> carnaza（えさ，ぜい肉），éxito（成功）> exitazo，gol（ゴール）> golazo，jefe（上司）> jefazo，padre（父親）> padrazo（甘い父親）；bueno（よい）> buenazo（人のよい）

- **-ón / -ona**：casa > casona（立派な屋敷，旧家），cuchara（スプーン）> cucharón（おたま），hombre > hombrón（大男），mujer > mujerona（太った年配女性），nariz（鼻）> narizón（大鼻，鼻の大きい），soltero（独身者）> solterón（年配の独身者）；flojo（たるんだ，怠惰な）> flojón，simpático（感じのよい）> simpaticón，tonto（ばかな，ばか）> tontón

- **-ote / -ota**：amigo > amigote（悪友），isla（島）> islote（小島，大岩），libro > librote（大きな本，つまらない本），palabra（言葉）> palabrota（悪態）；feo（醜い）> feote，franco（率直な）> francote（ざっくばらんな），grande（大きい）> grandote

9.5.4. 軽蔑辞

　軽蔑辞は名詞または形容詞に付加されて不格好，醜悪，不快，軽蔑などの意味を加える接尾辞である．主要な軽蔑辞とそれが付加された語例を次に示す．この中で -aco / -aca は挿入辞 -arr- とともに付加されることが多い．

- **-acho / -acha**：hombre > hombracho（大男，げす），pueblo（村）> poblacho

（ちっぽけな村），rico（金持ち）> ricacho（成金），vino（ワイン）> vinacho（安酒）；vivo（生き生きとした）> vivacho（空元気の）

-aco / -aca：bicho（虫）> bicharraco（気持ちの悪い虫，胡散臭い人），libro > libraco（くだらない本），mujer > mujeraca（卑しい女），pájaro（小鳥）> pajarraco（名も知らない大きな鳥），tipo（人，やつ）> tiparraco（くだらないやつ）

-ajo / -aja：chico > chiquito > chiquitajo（餓鬼），escoba（ほうき）> escobajo（ブドウの軸），hierba（草）> hierbajo（雑草），miga（パンの中身）> migaja（パンくず）；pequeño（小さい）> pequeñajo（ちっぽけな，かわいい）

-astro / -astra：cama（ベッド）> camastro（粗末な寝床），hija（娘）> hijastra（まま娘），madre（母親）> madrastra（まま母），poeta（詩人）> poetastro（へぼ詩人），político（政治家）> politicastro（政治屋）

-orro / -orra：tía（おば）> tiorra（レスビアン），vida（生活）> vidorra（快適な生活）；caliente（熱い）> calientorro，feo（醜い）> feorro，viejo > viejorro（老いぼれ）

-ucho / -ucha：animal（動物）> animalucho（醜い動物），casa > casucha（あばら家），delicado（微妙な，繊細な）> delicaducho（ひ弱な），flaco（やせた）> flacucho（やせこけた），médico（医者）> medicucho（やぶ医者）

9.6. 女性名詞の派生

9.6.1. 女性名詞の派生法

人間，動物など有生物を表す名詞には男・女，雄・雌を表す名詞がペアとなって対立する場合が多数存在する．これらの名詞は生物学的な性（sexo）と男性・女性という文法的性（género）が一致している．この中には次の3種類がある．

1）異語源類義語（heterónimo）が対立するもの
padre（父）/ madre（母），caballo（雄馬）/ yegua（牝馬）

2）語根は共通で，性範疇を表すと見られる語末母音のみが異なるもの
abuelo（祖父）/ abuela（祖母），perro（雄犬）/ perra（雌犬）

3）男性名詞とそれに接尾辞付加が行われた女性名詞が対立するもの

— 104 —

9. 接辞付加

alcalde（[男性] 市長）/ alcaldesa（女性市長），

gallo（おんどり）/ gallina（めんどり）

派生とかかわりがあるのは 2）〜 3）である．

9.6.2. 語尾交替による派生

上記 の 2）の名詞グループは語末母音の交替または付加によって女性名詞
が派生される．すなわち，男性名詞の性標識 -o を女性標識の -a に交替させ
るか，または性標識のない男性名詞に -a を付加する．性標識のない男性名
詞には語末が -o 以外の母音で終わるものおよび子音で終わるものが含まれ
る．次にその若干の例を挙げる．

- **-o / -a**：alumno / alumna（生徒），anciano / anciana（老人），camarero（ウェー
ター）/ camarera（ウェートレス），chico（少年）/ chica（少女），conejo /
coneja（ウサギ），esposo（夫）/ esposa（妻），gato / gata（猫），italiano /
italiana（イタリア人），maestro / maestra（先生），niño / niña（子ども），
ruso / rusa（ロシア人），tío（おじ）/ tía（おば）

- **-ø / -a**：autor / autora（著者，犯人），bailarín / bailarina（ダンサー），
campeón / campeona（チャンピオン），gorrión / gorriona（雀），inglés /
inglesa（英国人），profesor / profesora（教師），ratón / ratona（ハツカネ
ズミ），señor（紳士）/ señora（夫人）；dependiente / dependienta（店員），
elefante / elefanta（象），monje（修道士）/ monja（修道女），presidente /
presidenta（大統領，社長），sastre / sastra（仕立屋）

9.6.3. 接尾辞付加による派生

一方，上記の 3）の名詞グループは男性名詞を語基として女性を表す派生
接尾辞が付加され，女性名詞が形成される．主要な接尾辞としては次のよう
なものがある．

- **-esa**：abad > abadesa（女子修道院長），conde > condesa（伯爵夫人，女性伯
爵），diablo > diablesa（女悪魔），duque > duquesa（公爵夫人，女性公爵），
juglar > juglaresa（女の遍歴芸人），príncipe > princesa（王女），tigre >
tigresa（雌トラ）

- **-ina**：héroe > heroína（ヒロイン），jabalí > jabalina（雌イノシシ），rey >
reina（女王，王妃），zar > zarina（ツァールの皇后）

— 105 —

-isa：diácono > diaconisa（教会の女性執事），papa > papisa（女性教皇），
poeta > poetisa（女流詩人），profeta > profetisa（女性預言者），sacerdote
> sacerdotisa（女性聖職者）

-triz：actor > actriz（女優），emperador > emperatriz（皇后），protector >
protectriz（保護者の女性）

以上の接尾辞のうち -triz は名詞・形容詞の接尾辞 -dor, -tor に対する女性
形であるが，今日では使用が限られており，pecador に対する pecatriz（女の
罪人［つみびと］）のように廃語になったものも多い．この場合，現代では
pecadora を用いる．protectriz も protectora の方が普通である．

9.7. 接頭辞付加

9.7.1. 接頭辞の特徴

接頭辞は語基の前に付加される接辞であり，これによる派生法を接頭辞付
加（prefijación）と言う．接尾辞とは異なり，接頭辞が付加されても語基の属
する語類または品詞が変わることはない．

接尾辞付加の場合は語末母音が削除されるなど語基に何らかの変化が生じ
るのが普通であるのに対し，接頭辞が付加されても語基の形態に変化は生じ
ないが，接頭辞の方で音韻的・形態的な変異が生じることがある．母音で終
わる接頭辞は，それと同じ母音で始まる語基に付加される場合，時には正書
法上で母音一つを削除して書かれることがある：contra- + almirante >
contraalmirante / contralmirante（海軍少将），re- + emplazar > reemplazar /
remplazar（交換する）．ただし，どちらにしても日常的な発音では重母音で
はなく単母音で実現されるのが普通である．

子音で終わる接頭辞の中には語基の語頭子音に対応して異形を持つものが
ある．con- は /l/, /r/ で始まる語基の前では co- となり（colaborar［協力する］，
correlación［相関関係］），鼻子音の前では com- となる（compadre［代父］）．
また，post- は子音で始まる語基の前では pos- となることがある：
postmodernidad / posmodernidad（ポストモダン）．しかし，/s/ で始まる語基
の前では同音の連続を避けて post- のままである：postsocialismo（ポスト社
会主義）

接頭辞は接尾辞と同じく拘束形式であるが，接頭辞によっては語基との結

— 106 —

9．接辞付加

び付きが比較的弱い場合があり，正書法上ハイフンで繋いだり，分離して書かれることもある．それが起きる接尾辞は anti-, ex-, pre-, pro-, pos(t)- などで，特に固有名，略号，複合語および語連接に付くときはそうなることが多い：anti-FMI（反 IMF の），anti pena de muerte（死刑反対の），pro-UE（EU 支持の），pre-infarto（心筋梗塞の前兆），ex alto cargo（元高官）．また，これら接頭辞が重なる場合や等位接続されるような場合にはハイフン使用か，または分かち書きされるのが普通となる：pre-antibiótico（抗生物質以前の），pre y post natal（出生前後の）．以下では主要な接頭辞を意味により 5 グループに分け取り上げる．

9.7.2. 位置・場所の接頭辞

位置・場所を表す接頭辞は位置・場所の前後，内外などの関係を表すほか，時間の前後，状況の程度などを表す．

ante-（前，先）：anteayer（一昨日），antebrazo（前腕），antecámara（次の間），antedicho（前記の），anteponer（前に置く）

circun-, circum-（周囲）：circumpolar（極付近の），circunnavegar（周航する），circunvolar（周囲を飛ぶ）

entre-（中間，相互）：entrecejo（眉間），entrecruzar（交差させる），entrelínea（行間の書き込み），entresacar（選り分ける），entresuelo（中 2 階）

exo-（外）：exocéntrico（外心的な），exoesqueleto（外骨格），exósmosis（外浸透），exotérmico（発熱性の）

extra-（外）：extramatrimonial（婚外の），extraoficial（非公式の），extraordinario（並外れた），extraterrestre（地球外の）

infra-（下，下位）：infraestructura（下部構造），infrahumano（人並み以下の），infrarrojo（赤外線の），infravalorar（過小評価する）

inter-（[entre の学識語形式] 中間，相互）：interacción（相互作用），intercalar（挿入する），intercambio（交換），internacional（国際的な），interponer（間に置く）

intra-（内）：intracelula r（細胞内の），intramontano（山間の），intravenoso（静脈内の）

sobre-（上，超過）：sobrecarga（重量超過），sobremesa（食後のひととき），

— 107 —

語形変化・語形成

sobrepasar（上回る）, sobrevivir（生き延びる）

super-（[sobre の学識語形式] 上, 上位, 超過）：superabundante（多すぎる）, superbarato（激安の）, superestructura（上部構造）, superfino（極細の）, superintendente（監督者）, superponer（重ねる）

supra-（上, 超過）：supranacional（超国家的な）, suprarrenal（副腎の）, suprasensible（超感覚的な）

sub-（下, 下位）：submarino（海中の, 潜水艦）, suboficial（下士官）, subterráneo（地下の）, subtítulo（副題, 字幕）, subvalorar（過小評価する）

trans-, tras-（向こう側）：transandino（アンデス山脈の向こう側の）, transatlántico（大西洋横断の, 大西洋の向こう側の）, transformar（変形させる）, trasfondo（背景, 底意）, trasponer（移す）

ultra-（向こう側, 極端, 超）：ultraizquierda（極左）, ultraligero（超軽量の）, ultramar（海外）, ultrarrojo（赤外線の）, ultrasonido（超音波）

9.7.3. 時間の接頭辞

時間的な前後関係, 反復などを表し, 副詞や動詞, 名詞, 形容詞の語基に付く.

pre-（前, 先）：precampaña（事前運動）, precolombino（コロンブス到着前の）, prehistoria（先史時代）, presuponer（前提とする）

post-, pos-（後）：posgrado（大学院）, posguerra（戦後）, posmoderno（ポストモダンの）, posponer（延期する）, postimpresionista（後期印象派の）

re-（再度, 反復, 過度）：reacción（反応）, rebotar（はね返る）, recargo（追加料金）, recocer（煮直す）, reconsiderar（考え直す）, reconstruir（再建する）, resabido（周知の）, reseco（乾きすぎた）

9.7.4. 再帰・共同を表す接頭辞

行為・状態などの事態への関与の仕方が再帰的または共同的であることを示す.

auto-（自己, 再帰）：autobiografía（自叙伝）, autocrítica（自己批判）, autodefensa（自衛）, autodirigido（自動操縦の）, autogobernarse（自主管理する）, autoservicio（セルフサービス）, autosuficiencia（自給自足）

co-, con-, com-（共同, 共通）：coautor（共著者）, compadre（代父）,

— 108 —

9．接辞付加

conciudadano（同郷人），cooperación（協力），copropiedad（共同所有）

9.7.5.　数量・程度の接頭辞

　数量や程度を表す．下記の中で centi-, deca-, deci-, giga-, hect(o)-, kilo-, mega-, micro-, mili-, nano- は国際単位系（Sistema Internacional de Unidades）で定められた接頭辞であり，国際的な基準に従って使用されるが，mega- と micro- は計量単位以外でも用いられる．

centi-（100 分の 1）：centímetro（センチ），centígrado（摂氏の）

deca-（10 倍）：decagramo（デカグラム），decámetro（デカメートル）

deci-（10 分の 1）：decibelio（デシベル），decilitro（デシリットル）

giga-（10 億倍）：gigabyte（ギガバイト），gigahercio（ギガヘルツ）

hecto-, hect-（100 倍）：hectárea（ヘクタール），hectopascal（ヘクトパスカル）

hiper-（超，過度）：hiperactividad（活動亢進），hipercorrección（過剰修正），hipercrítico（酷評の），hipermercado（大型スーパー），hipertensión（高血圧）

kilo-（1000 倍）：kilogramo（キログラム），kilómetro（キロメートル）

mega-（100 万倍,巨大）：megaciclo（メガサイクル），megaestrella（スーパースター），megáfono（メガフォン），megahercio（メガヘルツ），megalito（巨石建造物）

micro-（100 万分の 1，極小）：microbiología（微生物学），microbús（マイクロバス），microcosmos（小宇宙），microfaradio（マイクロファラッド），microfilme（マイクロフィルム），micrómetro（マイクロメートル），microonda（極超短波）

mili-（1000 分の 1）：milímetro（ミリ），milisegundo（1000 分の 1 秒）

mono-（単一）：monociclo（一輪車），monomanía（偏執狂），monomotor（単発の），monorraíl（モノレール），monoteísmo（一神教）

multi-（多数，多様）：multicolor（多色の），multilateral（多面的な），multimillonario（大富豪の），multinacional（多国籍の），multirracial（多民族の）

nano-（10 億分の 1，微小）：nanotecnología（ナノテクノロジー），nanómetro（ナノメートル）

poli-（多数，複）：poliartritis（多発性関節炎），policlínica（総合病院），

― 109 ―

語形変化・語形成

polideportivo（総合スポーツ施設），polifonía（多声音楽），politeísmo（多神教）

pluri-（多数，複）：pluricelular（多細胞の），pluriempleado（兼業の），plurinacional（多民族の），pluripartidismo（多党制），plurivalente（多価の）

semi-（半，準）：semiautomático（半自動の），semicírculo（半円），semifinal（準決勝），semiprofesional（セミプロの），semiseco（やや辛口の）

uni-（単一）：unicelular（単細胞の），unifamiliar（一家族用の），unilateral（片側だけの），unipersonal（単人称の），univitelino（一卵性の）

9.7.6. 否定・反対の接頭辞

否定または反対の意味を表す.

a-, an-（反対，非）：analfabeto（読み書きできない），anormal（異常な），apolítico（非政治的な），asimetría（非対称），atípico（非典型的な）

anti-（反対）：antiaéreo（対空の），antialérgico（抗アレルギー性の），anticolonialismo（反植民地主義），anticoncepción（避妊），antirrobo（盗難防止用の）

contra-（反対，対立，逆）：contraatacar（反撃する），contracorriente（逆流），contradecir（反論する），contraespionaje（対スパイ活動），contraluz（逆光）

des-（反対，無，不）：desacuerdo（不一致），desagradable（不愉快な），desclavar（釘を抜く），descomponer（分解する），descubrir（発見する），desgracia（不運），deshabitar（住むのをやめる）

in-, im-, i-（不，無）：ilimitado（無限の），imposible（不可能な），impreciso（不明瞭な），inactivo（不活発な），incierto（不確かな），independencia（独立），irregular（不規則な）

sin-（欠如，無）：sinfín（無数），sinrazón（不正），sinsabor（不快），sinsentido（ばかげたこと），sinvergüenza（恥知らずな，恥知らず）

9.7.7. 形容詞的接頭辞

形容詞的な意味を持つ接頭辞で，下記のうち ex, vice- はラテン語起源，それ以外はギリシャ語起源である.

ex（前，元）：ex líder（元指導者），ex marido（前・元夫），ex ministro（前・元大臣），ex novia（元恋人），ex pareja（元パートナー）

— 110 —

9．接辞付加

この意味の ex は例外的に分かち書きすることが多い．ただし，新しいアカデミアの正書法（RAE 2010c: 538）では，語基が2語以上から成る場合を除いて結合して書くよう勧めている：exministro / ex primer ministro（前・元首相）

hetero-（異なる，異種）：heterociclo（複素環式化合物），heterodeterminación（他者決定），heterosexual（異性愛の）

homo-（同じ，同種）：homofonía（同音），homografía（同綴異義），homosexual（同性愛の）

neo-（新）：neoclasicismo（新古典主義），neogótico（新ゴシック様式の），neolítico（新石器時代の），neonato（新生児），neonazi（ネオナチ）

paleo-（古，旧）：paleoantropología（古人類学），paleocristiano（初期キリスト教の），paleografía（古文書学），paleolítico（旧石器時代の），paleontología（古生物学）

para-（近接，疑似）：paraestatal（半官半民の），paramédico（救急救命士），paramilitar（準軍事的な），paraoficial（半公式の），para(p)sicología（超心理学）

proto-（最初，原始）：protocordados（原索動物），protohistoria（原史時代），protoplasma（原形質），prototipo（原型），protozoo（原生動物）

pseudo-, seudo-（疑似，偽）：(p)seudoactivista（似非活動家），(p)seudoarte（偽芸術），(p)seudociencia（疑似科学），(p)seudohermafrodita（性同一性障害者），(p)seudohistoria（偽史）

vice-（副，代理）：vicealcalde（副市長），vicealmirante（海軍中将），vicegobernador（副知事），viceministro（副大臣），vicepresidente（副大統領，副議長）

10. 複　合

10.1.　複合および複合語

　二つ以上の語が結合して文法的に1語として機能するようになる過程を複合（composición）と言い，複合によって形成された語を複合語（palabra compuesta, compuesto）と言う．例えば，boca（口）+ calle（通り）> bocacalle（通りの入口，曲がり角）．複合語の意味は，その構成素である語の意味を足し合わせたものになるとは限らない．複合語の構成素の意味から複合語全体の意味を推測できない不透明な場合も多い．例えば，複合語 altavoz の alta は「高い」，voz は「声」の意味であるが，それから全体の意味「スピーカー」を直ちに導き出すことは困難である．

　一般に複合語と呼ばれるものは音韻・形態面から見て3種類に分けられるのが普通である．

　1）固有複合語（compuesto propio）——語を構成する一つの音節に強勢があり，一般の単純語と同様に正書法上も1語として書かれる．単語複合語（compuesto univerbal）とも呼ばれる．例えば，sacacorchos（コルク抜き），compraventa（売買業），agridulce（甘酸っぱい）

　2）連辞的複合語（compuesto sintagmático）——2語（まれには3語以上）が並置されるか，またはハイフンで結合されているもの．通常はそれぞれの構成素に強勢がある．例えば，hora punta（ラッシュアワー），tren bala（弾丸列車），chino-japonés（中・日の）

　3）統語的複合語（compuesto sintáctico）——2語以上が統語的な句（grupo sintáctico）を構成しているもの．代表的なものは名詞を形容詞が修飾する構造または名詞を前置詞句が修飾する構造である：escalera mecánica（エスカレーター），sentido común（常識），máquina de coser（ミシン）．この類を複合語と認めるかどうかは問題であり，さまざまの議論がある．複合語も語である以上，語の一般的な特徴を持つはずである

— 112 —

10. 複 合

　が，この種類は音韻的にも統語的にも語というより句らしい特徴を持っている．RAE（2009: §11.1b）はこれを名詞慣用句（locución nominal）と呼び，複合語から除外している．

　以上の分類が妥当かどうか，特に２）と３）の問題点については後で検討する．以下では説明の便宜上，構成素の語類は次のように略記する：N（名詞），A（形容詞），Adv（副詞），V（動詞），Part（過去分詞），Num（数詞），Det（冠詞），Pro（代名詞），Rel（関係詞），P（前置詞），Conj（接続詞）．接辞の連結は(-)，接語を含め語の連結は(=)で示し，構成素が並置されていて直接結合していない場合はスペースを置く．構成素の構造は[　]内に示す．

　複合語をその構成素間の統語関係から見ると，二つに分類することができる．

　　１）等位複合語（compuesto coordinativo）—— 構成素が互いに等位構造で結合しているもの．例えば，compraventa, rojinegro（赤黒い）．この場合，構成素の構造は，compraventa は [N=N] の構成をとり，rojinegro は二つの構成の間に挿入辞 -i- が入って，[A-i-A] の構成をとっていることになる．この挿入辞は構成素間の連結（enlace）を示す機能を果たしていると考えられ，等位関係だけでなく従属関係も包含する．

　　２）従属複合語（compuesto subordinativo）—— ある構成素に対し別の構成素が修飾語，同格語または補語として機能しているもの．例えば，hora punta では名詞 hora を同格の名詞 punta が修飾している [N N]，一方 sacacorchos では名詞 corcho(s) が動詞 saca(r) の直接補語となっている [V=N]．

　さらに複合語はその内部に主要部（núcleo）が存在するかしないかによって次の二つに分類できる．主要部とはその形式全体の中心的な意味，統語機能および文法範疇を決定する構成素である．主要部でない構成素は付接部（adyacente）である．

　　１）内心複合語（compuesto endocéntrico）—— 主要部を含む複合語．例えば，rojinegro は negro「黒い」という色彩の一種を意味する形容詞であり，hispanohablante（スペイン語話者）は hablante「話者」を意味する名詞の一種であって，いずれも後の構成素がこの形式全体の意味および語類と性を決定する主要部であり，前の構成素はそれを意味的に補う付接部であると見なすことができる．このように内心複合語は主要部と付接部で

— 113 —

構成されている.

2）外心複合語（compuesto exocéntrico）── 主要部を含まない複合語. 例えば，sacacorchos は前の構成素 saca(r)（取り出す）のように動詞ではなく，後の構成素である名詞 corcho（コルク）の一種でもない. tiovivo（回転木馬）は名詞であるが，語の意味は tío（叔父さん）の種類ではなく，形容詞 vivo（生きている）とも関連がない. どちらも主要部を持っていないと考えられる. このように外心複合語の意味は構成素の意味から推測するのが難しく不透明なものとなるのが普通である.

複合語は構成素となってさらに別の複合語を形成することもある：para(r) + brisas > parabrisas（フロントガラス）> limpiaparabrisas（ワイパー）. ただし，この語は三つの構成素が並列的に結合しているのではなく，次のような階層構造から成ると考えられる：[V=[V=N]]. また，複合語に接辞が付加されて派生語を作ることもある：mano + obra > maniobra（操作）> maniobrar（操作する）

10.2. 複合語と句の境界

複合語も語の一種であるとすれば，すでに述べた語の特徴を備えていなければならないが，一般に複合語として扱われているものの中には必ずしもそれに適合しておらず，むしろ句と見なした方がよいと思われる場合も含まれる. 特に統語的複合語と呼ばれる種類はそうである. 複合語と句の境界は必ずしも明確に分けられないのである. このため，語と句の中間に位置するような単位を認める必要がありそうである.

語を特徴づける要件の中で複合語と特に関わりのあると考えられる重要なものは次の四つである.

(a) アクセント的単一性 ── スペイン語における語はそれを構成する音節の一つに唯一の強勢を持つ. 複合語とされる形式がその構成素の一つの音節だけに強勢を持っているかどうか.

(b) 潜在的休止の不介在 ── 語は，その前後に休止を置くことが可能であるが，その内部に休止を置くことはできない. 問題の形式は構成素間に休止を入れることが不可能であるかどうか.

(c) 語末の屈折 ── 名詞・形容詞・動詞のように屈折を行う語の場合，

── 114 ──

10. 複　合

変化語尾は語の末尾に現れる．問題の形式は末尾に１個所だけ変化語尾が現れるかどうか．

(d) 構成素の不可分性 —— 語は，その構成素の間に別の語を挿入することはできない．問題の形式は構成素間に別の語を挿入することが不可能であるかどうか．

以下，この四つの要件について複合語と見なすべきかどうか問題となる形式について確認し，対比することにしたい．検討するのは次の６形式である：(1) 固有複合語の aguanieve（みぞれ）および (2) sacacorchos（コルク抜き），連辞的複合語とされる (3) chino-japonés（中・日の）および (4) coche cama（寝台車），統語的複合語とされる (5) escalera mecánica（エスカレーター）および (6) máquina de coser（ミシン）

	アクセント的単一性	潜在的休止の不介在	語末の屈折	構成素の不可分性
(1) aguanieve	○	○	○	○
(2) sacacorchos	○	○	○	○
(3) chino-japonés	△	△	○	○
(4) coche cama	△	×	△	○
(5) escalera mecánica	×	×	×	○
(6) máquina de coser	×	×	×	○

固有複合語の (1) と (2) は４要件を完全に満たしており，これらを語と見なすことには何も問題がない．それ以外の形式はさらに検討を要する．アクセント的単一性に関して (3) ～ (4) は，それぞれの構成素にアクセントがあるのが普通であるが，語彙的な一体性が強く感じられるようになると，後の構成素だけにアクセントが移行する傾向が生じる．スペイン語に第２アクセントを認めるかどうかは議論のある問題であるが，かりに認めるとすると，前の構成素に第２アクセント，後の構成素に第１アクセントがあると見なすことも可能である．なお，この立場からは (1) ～ (2) の形式に関しても前の構成素に第２アクセントがあるとされる（RAE 2009: §11.4d）．

次に潜在的休止に関して (4) ～ (6) の形式は構成素間に休止を入れることが可能であるのに対し (1) ～ (2) は不可であり，(3) も通常は休止が入らな

— 115 —

語形変化・語形成

いが，入れることは可能である．語末の屈折に関しては複数の場合，(5) は escaleras mecánicas となり，前の構成素に呼応して後の構成素も複数となる．(6) は máquinas de coser となり，変化語尾は前の構成素に現れる．(4) は特異な様相を見せ，複数は coches cama が普通であるが，時には coches camas もあり，まれに coche camas も存在する．この場合，正書法上は cochecamas あるは coche-camas と書くべきかもしれない．別の例を挙げると，llave tarjeta（カードキー）の場合，複数形は llaves tarjetas が普通であるが，llaves tarjeta も多く，少数ながら llave tarjetas も見られる．

　最後に構成素の不可分性は，どの形式も要件を満たしている．例えば，形容詞で修飾する場合，*coche *viejo* cama, *escalera *vieja* mecánica, *máquina *vieja* de coser のように構成素の間に修飾語を挿入するのは不可であり，coche cama *viejo*（古い寝台車），escalera mecánica *vieja*, máquina de coser *vieja* のように構成素を分断しないように配置しなければならない．

　以上の点を考慮した上でどこに語と句の境界を引くかが問題である．統語的複合語と言われる (5) ～ (6) は語の音韻的・形態的要件（要件 (a) ～ (c)）が欠けているため語とは認め難い．(4) も通常の場合，アクセント的単一性と語末の屈折の要件を欠くので語と認めるには難がある．一方，(3) はアクセント的単一性だけが欠けているが，これと同類の複合語の中には franco + español > francoespañol（仏西の）のように完全に 1 語となるものもあり，ここまでは複合語と見なしてよいと考える．結局，(1) ～ (2) 類は固有複合語として認め，(3) 類も複合語の一種として認めることにする．RAE (2009: §11.5) は (3) ～ (4) を合わせて連辞的複合語としているが，ここでは (3) を切り離し，並置複合語と呼ぶことにする．残りの (4) ～ (6) は句であるが，完全に自由な構成の統語的な句ではなく，語と句の境界にあって語彙的な単位をなしていると考えられる．これらを語連接と呼ぶことにする．結局，上記の 6 種類の形式を次のように再分類する：(1) ～ (2) 固有複合語，(3) 並置複合語，(4) ～ (6) 語連接

　語連接と見なした形式のうち (5) ～ (6) は RAE (2009: §1.10b) が名詞慣用句（locución nominal）と呼んでいるものの主要部分にほぼ相当する．慣用句（locución）とは語彙化された語群（grupo de palabras lexicalizadas）を指すが，これを統語的な句と区別する上で重視されているのは意味的な合成性（composicionalidad）である．ある連辞の構成素から得られる情報から意味

— 116 —

解釈ができるものは合成性が高く，統語的な句であり，それが不透明なものは慣用性（idiomaticidad）が高く，慣用句であると見なされる（RAE 2009: §11.2j）．本書では複合語についても語連接についても意味を基準としない．RAE の名詞慣用句には el chocolate del loro（意味のない節約），el gusanillo de la conciencia（良心の呵責），cara y cruz（コインの表か裏か［で決める]）のような語群も含まれる（op.cit.: §12.9o）．これらが慣用表現（modismo）あるいは成句（frase hecha）であることは確かであるが，一つの語彙的単位であるとは考えない．したがって，ここで言う語連接には入らない．

10.3. 名詞複合語

　複合の結果生じる複合語は名詞が大部分を占める．ここで取り上げるのは前記の複合語の規定に従い複合語と認める固有複合語と並置複合語のみである．スペイン語では複合語は 2 語を構成素として形成されるのが普通で，3 語以上によるものはまれである．

A. 名詞と名詞の複合

　名詞と名詞で構成される名詞複合語には，その中間に -i- が介在するものとしないものがある．

[N＝N] aguacal（m. 白しっくい），aguanieve（f. みぞれ），baloncesto（m. バスケットボール），bocacalle（f. 通りの入口），bocamanga（f. そで口），casatienda（f. 店舗兼用住宅），hojalata（f. ブリキ），narcotráfico（m. 麻薬取引），puntapié（m. 足蹴），telaraña（f. ＜ tela araña クモの巣）

[N-i-N] ajiaceite（m. ニンニク・ソース），artimaña（f. 計略），carricoche（m. 幌馬車），coliflor（f. カリフラワー），maniobra（f. 操作），pavipollo（m. シチメンチョウのひな），sopicaldo（m. 具の少ないスープ）

　この構成の複合語のうち [N＝N] 型は一般に前の構成素が主要部を構成していて，複合語の性を決定すると見られるが，narcotráfico は後の構成素が主要部と見られる．baloncesto は主要部がない外心複合語であるが，こうした場合も後の構成素が性を決めると見られる．aguacal は前・後の構成素がどちらも女性であるが，例外的に男性である．一方，[N-i-N] 型では一般に後の構成素が主要部で性を決めると見られる．

　この他に [N＝N] 型の特殊なものとして前の構成素が動詞の補語に相当す

— 117 —

語形変化・語形成

る名詞で，後の構成素が動作者を示す -nte 名詞で形成される複合語がある：drogodependiente（麻薬中毒者），lugarteniente（職務代理者），poderdante（委託者），poderhabiente（代理人）

ところで，aguanieve は女性名詞であるが，定冠詞 el が付くことがある：el aguanieve．同様のことは aguamiel（蜂蜜入りの水），avefría（タゲリ［鳥］）などの複合語でも起きる．これらの語に共通するのは，前の構成素が単独の語の場合，女性名詞であるにもかかわらず強勢を持つ a- で始まるため定冠詞 el をとることである：el agua, el ave．このことは完全に 1 語となっているはずの固有複合語でも構成素にはある程度の自立性が残っていることを示すものであろう．

B．名詞と形容詞の複合

この構成の複合語ではその位置にかかわらず名詞の語基が主要部であり，その性がそのまま複合語の性となるのが普通であるが，例外もある．

[N=A] aguardiente（m. < agua ardiente 蒸留酒），aguafuerte（m. エッチング），camposanto（m. 墓地），caradura（m-f. ずうずうしい人），hierbabuena（f. ハッカ），medioambiente（m. 環境），nochebuena（f. クリスマスイブ）

[A=N] bajamar（f. 干潮），buenaventura（f. 幸運），cortocircuito（m. 電気のショート），duraluminio（m. ジュラルミン），largometraje（m. 長編映画），malasombra（m-f. 迷惑な人），malhumor（m. 不機嫌），mediodía（m. 正午），menosprecio（m. 軽蔑），salvoconducto（m. 通行許可証），vanagloria（f. 虚栄）

上記の複合語のうち aguardiente, aguafuerte は意味の不透明性が強く，いずれも agua（水）の一種ではなく，性は男性である．ただし，aguafuerte はときに女性名詞扱いされることもある．また，caradura, malasombra のように人を表す名詞の場合は性共通名詞となることが多く，指示対象に応じて男性または女性となる．これらの複合語は通常の名詞と同じ数変化の規則に従い複数形を作るか，または無変化となる：el caradura → los caraduras, el ciempiés → los ciempiés

C．動詞と名詞の複合

動詞と名詞で構成する複合語は動詞名詞複合語（compuesto verbonominal）と呼ばれ，非常に生産性が高い．典型的には「他動詞（現在語幹）＋直接補語

— 118 —

10. 複　合

（名詞）」の構成をとり，名詞の構成素は可算名詞の場合は複数形，不可算名詞の場合は単数形となるのが原則である：sacacorchos（コルク抜き）/ parasol（日傘）．ただし，構成素が可算名詞でありながら単数形となる語もある：portaestandarte（旗手），cubrecama（ベッドカバー）．また，構成素が可算名詞・不可算名詞のどちらであっても単数形と複数形が共存する例がある：portafolio(s)（書類かばん），portalámpara(s)（ソケット）；cortafuego(s)（防火帯），guardapolvo(s)（ダスターコート）．まれに単数形と複数形で意味が分かれる語もある：catavino（利き酒用グラス），catavinos（ワイン鑑定家）．重要な特徴は，名詞の構成素が複数形の場合でも複合語としては必ず単複同形となることである：el portalámparas → los portalámparas．また，名詞構成素の性にかかわりなく人を表す場合は性共通名詞となり，それ以外はすべて男性名詞となるのが原則である：el / la portavoz, el paraguas

　この形式は主要部を持たない外心構造であると考えられる．人または道具・器具を表す場合が多いが，動植物，行為などを表す場合もある．

　[V＝N]　abrelatas（缶切り），buscapleitos（もめごとを起こす人），cantamañanas（口先だけの人），cortacésped（芝刈り機），cuentagotas（点眼器），cumpleaños（誕生日），espantapájaros（かかし），girasol（ヒマワリ），guardacoches（駐車場管理人），guardaespaldas（ボディーガード），lavaplatos（皿洗い機），marcapasos（ペースメーカー），matasanos（やぶ医者），mondadientes（爪楊枝），paracaídas（落下傘），paraguas（< para(r) aguas 傘），pasamano（手すり），pasatiempo（気晴らし），pelagatos（役立たずの人），pintalabios（スティック型口紅），portaaviones（航空母艦），portavoz（スポークスマン），quitanieves（除雪車），rompeolas（防波堤），sacapuntas（鉛筆削り），saltamontes（バッタ），salvavidas（浮き輪），tapabocas（マフラー），tirachinas（ぱちんこ），tomavistas（小型撮影機），trabalenguas（早口言葉），tragaluz（天窓）

D.　名詞を含むその他の複合

[Num＝N]　ciempiés（m. ムカデ），milhojas（f. ミルフィーユ），milrayas（m. ピンストライプ）

[Adv＝N]　bienandanza（f. 幸運），bienaventuranza（f. 至福），malandanza（f. 不運）

[P＝N]　parabién（m. 祝辞），traspié（m. つまずき）

[P=[N=A]] enhorabuena（f. 祝辞）

E. 名詞を含まない複合

構成素として名詞を含まないが，形成された複合語は名詞の機能を持つ．
この中には不定詞や過去分詞を含むものもある．

[A-i-A] altibajo（m. 土地の起伏）

[Adv=A] siempretieso（m. 起き上がりこぼし），siempreviva（f. ムギワラ
ギク）

[Adv=V] bienestar（m. 福祉），malestar（m. 体調不良）

[Adv=Part] malentendido（m. 誤解）

[Rel=V] quehacer（m. 用事）

[P=A] pormenor（m. 詳細）

[P=Pro] porqué（m. 理由）

[P=V] porvenir（m. 将来）

[P=Conj=Adv] porsiacaso（m. 旅行用品袋）

F. 節構造を持つ複合

名詞複合語の中には動詞の時制形式（主に命令形，まれに直説法現在また
は単純過去）を含む節構造をとるものがある．

[Adv=[Pro=V]] bienmesabe（m. アーモンド菓子），bienteveo（m. 見張り
小屋），nomeolvides（m. / f. ワスレナグサ）

[V=Adv] mandamás（m-f. お偉方）

[V=Pro] acabose（m. 不幸の極み），pésame（m. 悔み）

[V=[Det=Adj]] curalotodo（m. 万能薬），sabelotodo（m-f. 知ったかぶりを
する人），sanalotodo（m. 万能薬）

[[V=Pro]=[P=N]] tentempié（< tente en pie, m. 軽い食事），metomentodo
（< métome en todo, m-f. おせっかい焼き）

[[V=Pro]=V] hazmerreír（m. 物笑いの種）

[[V=Pro]=A] tentetieso（m. 起き上がりこぼし）

[[V=Pro]=N] tentemozo（m. つっかい棒），siguemepollo（m. 背中に垂ら
すリボン）

[V=V] bullebulle（m-f. 騒々しい人），duermevela（m. / f. うたた寝），
pasapasa（m. 手品），picapica（f. かゆみ物質），tejemaneje（m. てんてこ
舞い）

[V=Conj=V] quitaipón（m. 取り外し部品），subeibaja（m. シーソー），
vaivén（m. 揺れ，変動）

[V=V=Conj=[V=Pro]] correveidile（< corre, ve y dile, m-f. うわさ好きの
人）

10.4. 形容詞複合語

形容詞複合語は以下のような構成をとり，いずれも形容詞または過去分詞
を含む．後の構成素が主要部であり，その部分が語尾変化を行う．

A. 形容詞と形容詞の複合

[A=A] audiovisual（視聴覚の），hispanohablante（スペイン語話者の），
latinoamericano（ラテンアメリカの），socioeconómico（社会経済の），
sordomudo（聾唖の）

[A-i-A] agridulce（甘酸っぱい），altisonante（仰々しい），blanquinegro（白
黒の），clarividente（洞察力のある），rojiblanco（赤白の），rojinegro（赤
黒い），sabihondo（知識をひけらかす），verdinegro（暗緑色の）

二つの構成素の間につなぎの挿入辞 -o- が挿入されることもある．この場
合，前の構成素の末尾が削除されることもある．

[A-o-A] alemanoespañol（独西の），afroamericano（アフリカ系アメリカ人
の），bucodental（口と歯の）

以上のように二つの形容詞が結合する場合，意味的には並列修飾
（calificación yuxtapuesta）の場合と多重修飾（calificación múltiple）の場合が
ある．例えば，blanquinegro は「白と黒の」という並列修飾であり，rojinegro
は「赤くて黒い」という多重修飾である．同じ形式が両方の意味を持つ場合
もある：angloamericano（英国系アメリカ人の，英・米人の）

B. 名詞と形容詞の複合

[N-A] cabizbajo（うなだれた），drogadicto（麻薬常習の），fehaciente（信
用できる），vascoparlante（バスク語話者の）

[N-i-A] barbilampino（ひげの薄い），boquirrubio（口の軽い），bracilargo（腕
の長い），cariaguileño（面長でわし鼻の），caridoliente（痛そうな顔をし
た），carirredondo（丸顔の），cejijunto（眉毛のつながった），casquivano
（軽薄な），cuellilargo（首の長い），lengüilargo（口の悪い），manicorto（け

— 121 —

語形変化・語形成

ちな），ojialegre（目の輝いた），ojinegro（黒い目の），patitieso（脚が硬
直した），pelirrojo（赤毛の），piernicorto（脚の短い），rabicorto（尾の短
い），zanquivano（脚が長細い）

[N-o-A] catalanohablante（カタルーニャ語話者の），drogodependiente（麻
薬依存の）

[A=N] verdemar（青緑色の）

C. その他の語類と形容詞の複合

[V=A] abrefácil（簡単に開けられる）

[N-i-Part] aliabierto（翼を広げた），alicaído（翼をだらりと下げた），
boquiabierto（口を開けた），cariacontecido（しょげた様子の），
corniapretado（[牛の]角と角の間が狭い），manirroto（金遣いの荒い），
patiabierto（がに股の），pechisacado（思い上がった），perniabierto（脚を
広げた）

[Adv=A] biempensante（伝統主義的な），bienandante（幸福な），bienoliente
（よい匂いのする），malcontento（不満な），maldiciente（悪口ばかり言う），
maloliente（悪臭を放つ），malsonante（耳障りな）

[Adv=Part] bienintencionado（善意の），bienmandado（従順な），bienvenido
（歓迎される），malaconsejado（口車に乗せられた），malacostumbrado（悪
習に染まった），malagradecido（恩知らずの），malcriado（しつけの悪
い），malhablado（言葉づかいの悪い），malpensado（邪推する），
malquerido（反感を買った）

10.5. 新古典複合語

　英語・フランス語などと同様，現代スペイン語にはギリシャ語・ラテン語
の語根で形成される多数の語彙が存在する．その多くは近代に学術用語・専
門語として導入されたもので，名詞・形容詞がほとんどである．これらの語
を形成する語根は拘束形式であって自立語とはならないが，通常の接辞と異
なり語彙的な意味を持ち，自立形式とも拘束形式とも結合し，接頭辞的また
は接尾辞的に働く．いわば自立語と接辞の境界にある付属語的な形式である．
これは新古典的語幹（tema neoclásico）あるいは学識語的合成要素（elemento
compositivo culto）と呼ばれる．例えば，fono- は他の語幹の前に置かれ，

— 122 —

10. 複 合

fonología を形成する一方，他の語幹の後に置くことも可能で micrófono を
形成する．このように新古典的語幹がさまざまの語基と結合する過程を複合
の一種と見なし，新古典複合（composición neoclásica）と呼び，形成された
語を新古典複合語（compuesto neoclásico）と呼ぶ．この種の複合語は名詞の
場合，後の構成素が主要部で性を決定する．主要な形式としては次のような
ものがある．

A. 語頭に現れる語幹

aero-（空気，空中，航空）：aerobio（好気性の），aeromodelo（模型飛行機），
aeronave（飛行船），aeropuerto（空港），aerosol（エアゾール）

agro-, agri-（農業，土壌）：agricultura（農業），agroforestal（農林業の），
agrología（応用土壌学），agropecuario（農牧の）

biblio-（書物）：bibliófilo（愛書家），bibliografía（参考文献），bibliología（書
誌学），bibliomanía（書物収集癖）

bio-（生命，生物）：biocarburante（バイオ燃料），biodiversidad（生物多様
性），bioética（生命倫理学），biografía（伝記），biología（生物学），
biotecnología（生物工学）

ciber-（人工頭脳学，インターネット）：ciberataque（サイバー攻撃），
cibercafé（インターネットカフェ），ciberempresa（オンライン企業），
ciberespacio（電脳空間），cibernauta（インターネットサーファー），
cibernegocio（電子商取引）

cosmo-（宇宙，世界）：cosmogonía（宇宙発生論），cosmografía（宇宙学），
cosmología（宇宙論），cosmonáutica（宇宙旅行），cosmorama（世界のぞ
き眼鏡）

electro-（電気）：electrochoque（電気ショック），electrodoméstico（家電の），
electroimán（電磁石），electromotor（電動機），electrotecnia（電気工学）

etno-（民族）：etnocentrismo（自文化中心主義），etnocidio（民族破壊），
etnología（民族学）

euro-（欧州）：eurocámara（欧州議会），eurocracia（EU官僚制），
eurodiputado（欧州議会議員），euroescéptico（EUに懐疑的な），eurotúnel
（英仏海峡トンネル），Eurovisión（ユーロビジョン）

foto-（光，写真）：fotocélula（光電池），fotocopia（コピー），fotografía（写
真），fotonovela（写真入り小説），fotosíntesis（光合成）

— 123 —

語形変化・語形成

geo-（土地，地球）：geocentrismo（天動説），geofísica（地球物理学），geología（地質学），geometría（幾何学），geotermia（地熱）

hidro-（水）：hidroavión（水上機），hidroelectricidad（水力発電），hidrógeno（水素），hidroplano（水中翼船），hidrosoluble（水溶性の）

neuro-（神経）：neuroesqueleto（内骨格），neurofisiología（神経生理学），neurólogo（神経科医），neuropatía（神経病），neurotransmisor（神経伝達物質）

psico-, sico-（精神，心理）：(p)sicoanálisis（精神分析），(p)sicolingüística（心理言語学），(p)sicología（心理学），(p)sicópata（精神病質者），(p)sicoterapia（心理療法）

radio-（放射，ラジオ）：radi(o)actividad（放射能），radiocomunicación（無線通信），radiodifusión（ラジオ放送），radioemisora（ラジオ放送局），radioescucha（聴取者）

tele-（遠方，電話）：telebanco（現金自動預け払い機），telecomunicación（遠距離通信），teléfono（電話），telepatía（テレパシー），telescopio（望遠鏡），televisión（テレビ），televisor（テレビ受像機）

xeno-（外国，外国人）：xenofilia（外国好き），xenófobo（外国嫌いの），xenogénesis（異種発生）

B. 語末に現れる語幹

-cida（殺すもの）：fratricida（兄弟殺害者），herbicida（除草剤），homicida（殺人犯），insecticida（殺虫剤），suicida（自殺者）

-cracia（権力）：aristocracia（貴族階級，貴族政治），autocracia（専制政治），burocracia（官僚制），democracia（民主制），teocracia（神権政治）

-dromo（走路）：aeródromo（飛行場），autódromo（サーキット），hipódromo（競馬場），velódromo（競輪場）

-fobia（恐れ，嫌悪）：acrofobia（高所恐怖症），anglofobia（英国嫌い），claustrofobia（閉所恐怖症），hidrofobia（狂犬病，狂水症），xenofobia（外国人嫌い）

-fobo / -foba（…嫌いの，…嫌いの人）：aerófobo（嫌気症の），anglófobo（英国嫌いの），clerófobo（聖職者嫌いの），eurófobo（EU嫌いの），islamófobo（イスラム嫌いの）

-geno / -gena（生み出すもの）：colágeno（膠原の），endógeno（内因性の），

— 124 —

10. 複　合

lacrimógeno（催涙性の）, oxígeno（酸素）, patógeno（病原の）

-grafía（書くこと）: caligrafía（書道）, fotografía（写真）, geografía（地理学）, litografía（石版画）, ortografía（正書法）

-grama（書かれたもの）: crucigrama（クロスワードパズル）, electrocardiograma（心電図）, ideograma（表意文字）, organigrama（組織図）, telegrama（電報）

-logía（学問, 理論）: arqueología（考古学）, ecología（生態学）, lexicología（語彙論）, metodología（方法論）, mineralogía（鉱物学）

-logo / -loga（専門家）: ginecólogo（婦人科医）, ideólogo（イデオローグ）, sociólogo（社会学者）, teólogo（神学者）, zoólogo（動物学者）

-manía（狂気, 性癖）: cleptomanía（盗癖）, erotomanía（色情狂）, grafomanía（メモ魔）, mitomanía（虚言癖）, monomanía（偏執狂）

-mano / -mana（マニアの, …狂）: bibliómano（収書狂）, megalómano（誇大妄想狂）, morfinómano（モルヒネ中毒者）, pirómano（放火魔）, toxicómano（麻薬中毒者）

-metro（尺度, 計量器）: barómetro（気圧計）, sismómetro（地震計）, taxímetro（タクシーメーター）, telémetro（遠隔計器）, termómetro（温度計）

-teca（保管する所）: biblioteca（図書館）, discoteca（ディスコ, レコードライブラリー）, filmoteca（フィルムライブラリー）, fonoteca（録音資料保存所）, hoploteca（武器博物館）

C. 語頭または語末に現れる語幹

語末に現れて形容詞または人を表す名詞の場合, 女性形は語尾が -a に変化する: monocromo / monocroma

cromo（色）: cromosoma（染色体）, cromotipografía（カラー印刷）; monocromo（単色の）, policromo（多色の）

crono（時間）: cronografía（年代学, 年表）, cronometría（時間測定）, cronómetro（クロノメーター）; isócrono（等時性の）

filo（愛する, 愛好者）: filocomunista（共産党支持の）, filogermánico（ドイツ崇拝の）, filosofía（哲学）; hispanófilo（スペイン好きの）, hidrófilo（親水性の）

fono（音声）: fonograma（表音文字）, fonología（音韻論）; gramófono（蓄

— 125 —

音機），micrófono（マイク），xilófono（木琴）

grafo（書く，書くもの）：grafología（筆跡学），grafómano（書きもの狂いの人）；bolígrafo（ボールペン），mecanógrafo（タイピスト），telégrafo（電信）

10.6. 動詞複合語

スペイン語では複合により動詞が形成される例は非常に少ない．次のような構成が見られる．

[N＝V] fotograbar（写真製版する），manuscribir（手書きする），manutener（扶養する）

[N-i-V] maniatar（手を縛る），perniquebrar（脚を折る）

[Adv＝V] bienquerer（好意を抱く），bienvivir（裕福に暮らす），malcasar（無理な結婚をさせる），malcriar（しつけを怠る），malherir（重傷を負わせる），malparir（流産する），malquerer（悪意を抱く），maltraer（手荒く扱う），maltratar（虐待する），malversar（公金横領をする），malvivir（苦しい生活をする），menospreciar（軽視する）

10.7. 副詞複合語

10.7.1. 副詞の固有複合語

ここで副詞複合語と見なすものには二つの類型がある．その第1の類型はtambién（< tan bien），asimismo（< así mismo）のように語と語が結合した通常の固有複合語である．スペイン語文法では副詞，前置詞，接続詞について複合語を認めないという考え方が普通である（RAE 2009: §11.1）．この見方によれば第1の類型はすべて複合語から外れることになる．その理由は，これらの形式の構成素に文法的な自立性が認められないということである．確かに，語源的には複合語であっても，現代ではその構成素が不透明になり，単純語として認識されるような例も少なくない．例えば，despacio（< de espacio），demasiado（< demasía < demás < de más）．しかし，構成素の自立性や意味に関わりなく，それが語として認識可能であれば，複合語と認めて差し支えないと考える．該当する例は少ないが，意味別に分類すると次のよ

— 126 —

うなものがある.

《時の副詞》anteanoche（一昨日の夜）, anteayer（一昨日）

《場所の副詞》abajo（下へ）, adelante（前へ）, adentro（中へ）, afuera（外へ）, atrás（後ろへ）, debajo（下に）, detrás（後ろに）, encima（上に）, enfrente（正面に）

《様態の副詞》aprisa（急いで）, asimismo（同様に）, deprisa（急いで）

《肯定・否定の副詞》acaso（もしかすると）, apenas（ほとんど…ない）, nomás（Am. ただ…だけ）, también（…もまた）, tampoco（…もまた…ではない）

10.7.2. -mente 副詞

副詞複合語と見なす第2の類型は amablemente（親切に）, lentamente（ゆっくりと）, seguramente（たぶん）のように形容詞に -mente が付加された副詞の形式である. 一般にこの -mente 副詞は, 形容詞に接尾辞 -mente が付加された派生語と見るのが普通である. しかし, 正書法上は1語であるにもかかわらず, いくつかの理由で複合語として扱った方がよいと考える. その第1は -mente 副詞にアクセント的単一性が欠けていることである. すなわち, -mente 形式とそれが付加される語基の両方に強勢があり, 通常アクセントが2個所あると説明される. それゆえ形容詞に正書法上アクセント記号が付いている場合, アクセント記号は -mente が付いても維持される：fácilmente（容易に）. ただし, 音声学的には2個所のアクセント的卓立が対等というわけではなく, 後のアクセントの方が卓立性が強い. スペイン語に第2アクセントを認める立場に立てば, 語基に第2アクセント, -mente に第1アクセントがあると説明されることになる. 第1アクセントを（´）, 第2アクセントを（`）で示すとすれば, 次のようになる：amàbleménte. 第2の点は -mente は必ず形容詞を語基とし, それが女性単数形に変化することを要求することである. 統語的にはあたかも「形容詞女性形＋女性名詞」の構成をとる句のようである. 第3点は -mente が接尾辞らしくない非拘束性を見せることである. この副詞が二つ以上並列するときは, 最後の項を除き -mente が省略される：fácil y rápidamente（簡単に速く）, técnica o económicamente（技術的または経済的に）. これは -mente が通常の接尾辞のような拘束形式ではないことを示している. ただし, 語源的には共通する名詞 mente（知能）

— 127 —

とは異なる語と見るべきであり，自立語として出現することはない．形態論的には新古典語幹と似た存在であり，「(…の)やり方で」という意味を持つ付属語的な形式であり，品質形容詞とともに複合語を形成すると考えられる．

この -mente を伴う複合は様態の副詞を形成する非常に生産性の高い方法である．

cientíﬁcamente（科学的に），deliberadamente（故意に），exageradamente（大げさに），intensamente（激しく），necesariamente（必然的に），públicamente（公然と），realmente（現実に），reiteradamente（繰り返し），simplemente（簡単に），vagamente（曖昧に）

法性あるいは視点などを表す文副詞を形成することもある．

afortunadamente（幸いにも），ciertamente（確かに），desgraciadamente（不運にも），evidentemente（明白に），francamente（率直に言って），generalmente（一般に），lógicamente（論理的に，当然），posiblemente（おそらく），probablemente（たぶん），verdaderamente（本当に）

10.8. 機能語その他の複合語

数詞のうち，16 ～ 29 の 2 桁の基数詞は 20 (veinte) を除いて複合語の構成をとる．これらの数詞は正書法上で 1 語として書かれるだけでなく，アクセント的単一性があり，後の構成素に強勢が置かれる．

dieciséis (16)，diecisiete (17)，dieciocho (18)，diecinueve (19)，veintiuno (21)，veintidós (22)，veintitrés (23)，etc.

13 ～ 19 の序数詞も複合語の形式となる：

decimotercio / decimotercero（第 13 の），decimocuarto（第 14 の），decimoquinto（第 15 の），decimosexto（第 16 の），decimoséptimo（第 17の），decimoctavo（第 18 の），decimonono / decimonoveno（第 19 の）

代名詞・前置詞・接続詞などの文法的または機能的な語類では複合語の例は非常に少ないが，次のような例がある．

《人称代名詞》nosotros / nosotras（私たち），vosotros / vosotras（君たち，お前たち）

《疑問詞・関係詞》adónde（どこへ），adonde（…するところへ）

《不定語》comoquiera（…であるとしても），cualquiera（どんな…でも，ど

れでも)，demás（その他の），dondequiera（どこにでも），quienquiera（…
する人はだれでも）

《接続詞》aunque（…ではあるが），conque（それで），porque（なぜなら），
sino（…ではなくて…）

以上のうち cualquiera, quienquiera は特異な複数形をもち，cualesquiera,
quienesquiera となる．

10.9. 並置複合語

並置複合語（compuesto yuxtapuesto）は通常二つの語が並置された構成を
とり，両者は等位関係にあるため外心構造となる．表記上は，構成素がハイ
フンで連結されるか，またはハイフンなしで並置される．強勢は両方の構成
素に置かれるのが原則であるが，時には後の構成素だけに強勢が目立つこと
もある．この場合，第2アクセントを認める立場に立てば，前の構成素に第
2アクセント，後の構成素に第1アクセントがあると言えるだろう．

[N＝N] の構成をとる名詞複合語としては次のような例がある：
bar-restaurante（バル・レストラン），marxismo-lenismo（マルクス・レーニ
ン主義），panadería-pastelería（パン・ケーキ店）

最も普通に見られるのは [A＝A] の構成をとり，ハイフンで連結された形
容詞複合語である：árabe-israelí（アラブ・イスラエル間の），audio-visual（視
聴覚の），español-japonés（西日の），político-económico（政治・経済的な）

二つの住民形容詞で構成される場合，前の構成素が学識語的形式をとるこ
ともある：anglo-irlandés（英国・アイルランド間の），franco-alemán（仏独の），
hispano-africano（スペイン・アフリカ間の）

二つの構成素が結合し，完全に1語となる場合もある．この場合，強勢は
一つの音節に収斂し，固有複合語に転化したと見ることができる：
audiovisual，francoespañol（仏西の），hispanoárabe（イスラム・スペインの）

この種の複合語は等位構造であるが，屈折は後の構成素の語尾のみで起き
るのが原則である：relaciones hispano-lusas（スペイン・ポルトガル関係），
Guerra ruso-japonesa（日露戦争）．しかし，名詞的複合語で結束性が比較的
弱いものは両方の構成素が数変化をする場合もある：bar-restaurantes / bares-
restaurantes

11. 語連接

11.1. 語連接の構成

　語連接 (complejo de palabras, enlace de palabras, lexía compleja) とは，統語的には名詞句であるが，その構成素の順序と位置は固定しており，繰り返し用いられ，慣用的な語彙的単位となっているものである．通常，前の構成素が主要部であり，後の構成素はそれを修飾する付属部である．「名詞＋名詞」の場合は主要部の名詞に対し後の名詞が同格語，それ以外の構成では主要部の名詞に対し他の構成素が修飾語となっている．この形式は現代スペイン語では非常に生産性が高く，新しい形式が続々と形成されている．前記のとおり，一般には統語的複合語と呼ばれるものに当たるが，音韻的にも形態的にも単一の語の要件は満たしていない．次のような構成をとる．

[N N] ala delta (ハンググライダー), arco iris (虹), buque escuela (練習艦), camión cisterna (タンクローリー), chaleco salvavidas (救命胴衣), coche bomba (爆弾仕掛けの車), coche patrulla (パトカー), combustible fósil (化石燃料), comida basura (ジャンクフード), correo basura (迷惑メール), decreto ley (政令法), edición pirata (海賊版), empresa modelo (モデル企業), escritor estrella (人気作家), fecha límite (締切日), fútbol sala (フットサル), guerra relámpago (電撃戦), hora punta (ラッシュアワー), lengua madre (母語), niño soldado (少年兵), pájaro carpintero (キツツキ), palabra clave (キーワード), papel celofán (セロファン紙), perro policía (警察犬), piso piloto (モデルルーム), puntero láser (レーザーポインター), tarjeta llave / llave tarjeta (カードキー), sofá cama (ソファーベッド), tren bala (弾丸列車)

[N [Det N]] alto el fuego (停戦)

[N A] acoso sexual (セクハラ), agua dulce (淡水), agujero negro (ブラックホール), aparato auditivo (補聴器), Audiencia Nacional ([スペイン]

— 130 —

11. 語連接

全国管区裁判所），ave migratoria（渡り鳥），azúcar moreno（黒砂糖），caja fuerte（金庫），calentamiento global（地球温暖化），cámara digital（デジカメ），cambio climático（気候変動），cara dura（厚顔），carta meteorológico（天気図），coche deportivo（スポーツカー），deriva continental（大陸移動(説)），energía solar（太陽光発電），escuela militar（陸軍士官学校），escuela primaria（小学校），gato cerval（オオヤマネコ），guardia civil（治安警備隊(員)），hombre fuerte（実力者），león marino（トド），llave inglesa（モンキーレンチ），lobo marino（アシカ），lucha libre（プロレス），montaña rusa（ジェットコースター），oreja marina（アワビ），pala mecánica（パワーシャベル），pan negro（黒パン），papel higiénico（トイレットペーパー），pareja sentimental（内縁の夫・妻），pavo real（クジャク），perro callejero（野良犬），pez volador（トビウオ），puente aéreo（シャトル便），seguro médico（医療保険），vaca lechera（乳牛）

[A N] alta mar（外洋），bajo latín（後期ラテン語），bellas artes（美術），buena fe（善意），mala hierba（雑草），media luna（半月）

[N Part] aire acondicionado（空調），cabeza cuadrada（頭の固い人），cabeza rapada（スキンヘッド），cal muerta（消石灰），casa adosada（テラスハウス），diente picado（虫歯），frase hecha（成句），número quebrado（分数），oración compuesta（複文），plato combinado（一皿盛り定食）

[N [P N]] alergia a alimentos（食物アレルギー），alférez de fragata（海軍少尉），arma de electrochoque（スタンガン），ayudante de cabina（客室乗務員），barco de carga（貨物船），bicicleta de montaña（マウンテンバイク），bomba de calor（ヒートポンプ），botella de plástico（ペットボトル），buque de guerra（戦艦），caballo de mar（タツノオトシゴ），caballo (de) pura sangre（サラブレッド），capitán de navío（海軍大佐），coche de bomberos（消防車），diccionario en línea（オンライン辞書），escalada en roca（ロッククライミング），fin de semana（週末），general de división（陸軍・空軍少将），gusano de seda（カイコ），hoja de estudios（成績表），hombre de Neandertal（ネアンデルタール人），lavado de dinero（資金洗浄），paño de mesa（テーブルクロス），papel de cartas（便箋），pez de colores（金魚），reabastecimiento en vuelo（空中給油），traje a medida（注文服）

— 131 —

[N [P Inf]]　cinta de correr (ルームランナー)，máquina de coser (ミシン)，
　　　máquina de escribir (タイプライター)，maquinilla de afeitar (安全かみそ
　　　り)，papel de embalar (包装紙)
　　[N [P Det N]]　ave del paraíso(ゴクラクチョウ)，azúcar de la uva(ブドウ糖)，
　　　caballo del diablo (ト ン ボ)，defensor del pueblo (オ ン ブ ズ マ ン)，
　　　impuesto sobre la renta (所得税)，velocidad de la luz (光速)

11.2.　語連接の性と屈折

　名詞が先頭に立つ語連接の場合，その名詞が主要部であり，文法的性を決
定する：un camión cisterna (m. タンク車)，una caja fuerte (f. 金庫)．名詞以
外の語類が先頭にある場合は，後の名詞が主要部であり，それが性を決定す
る：una mala hierba (f. 雑草)．主要部が人を表す名詞である場合も基本的に
通常の単純語と変わらない．それが男女の性別に対応する意味を持つ名詞で
あれば，その文法的性が適用される：un hombre fuerte (m. 実力者)．指示対
象の性別に関わりなく文法的性が決まっている両性通用名詞(sustantivo
epiceno) も同様である：una persona clave (f. キーパーソン)．主要部が性共
通名詞 (sustantivo común en cuanto al género) の場合は指示対象の性別によ
り性が決まる：un agente de viajes / una agente de viajes (m-f. 旅行業者)．問
題は，主要部が本来人を表す名詞ではないが，語連接としては人を表す意味
を持つ場合である．この場合は，主要部名詞の文法的性ではなく指示対象の
性別に対応して性が決まるのが普通である：un cabeza dura / una cabeza dura
(m-f. 頑固な男・女)．この場合，前の例のように限定詞や修飾語と語連接と
の間で性の呼応に不一致が生じることもある．しかし，指示対象の性別に関
わりなく主要部名詞の文法的性に従う場合もある：una mala cabeza (f. 無分
別な人)
　語連接の数変化の仕方は，その構成により相違がある．[N N] 型，すなわ
ち主要部である前の名詞に後の名詞が同格修飾を行っていると見られる構造
では，前の名詞のみが複数形になるのが普通である：coche cama (寝台車)
→ coches cama．しかし，前記のとおり (§10.2)，時には coches camas，ま
れには coche camas となることもある．これは語連接から固有複合語に移行
する過渡的段階を示す形式とも言える．固有複合語的な coche-cama,

cochecama という表記も実際に存在する.

[N A], [A N] および [N Part] 型, すなわち主要部の名詞を形容詞・過去分詞が修飾する構造では名詞に呼応して形容詞・過去分詞も数変化する：caja fuerte → cajas fuertes, agujero negro → agujeros negros

[N [P N]], [N [P Det N]] および [N [P Inf]] 型, すなわち主要部の名詞を前置詞句が修飾する構造では名詞のみが数変化する：ayudante de cabina → ayudantes de cabina, caballo del diablo → caballos del diablo

　同格修飾型および形容詞修飾型の語連接は結束性が強まると, 固有複合語に転化することがある. 現在の固有複合語の多くも起源的には語連接であったものが音韻的にアクセント的単一性を得るに至って単語化したものと見ることができる. 実際に語連接の中には固有複合語との境界で揺れを見せているものも存在する：guardia civil (治安警備隊員) / guardia-civil / guardiacivil. この形式の複数形は guardias civiles の他に guardias-civiles / guardiaciviles という形式も見られる.

11.3. 色彩名の語連接

　これまで取り上げた形式のほかで形態的・統語的に特異な様相を見せるのが色彩の細かいニュアンスを示す語連接のグループである. 構成素に形容詞を含んでいるが, 全体としては名詞化している.

[A A] amarillo dorado (金色), azul claro (ライトブルー), azul marino (マリンブルー), blanco lechoso (乳白色), gris marengo (ダークグレー), marrón claro (薄茶色), morado claro (薄紫色), negro mate (つやのない黒), rojo oscuro (深紅色), verde fresco (ライトグリーン)

[A N] amarillo limón (レモンイエロー), azul añil (藍色), azul cobalto (コバルトブルー), gris perla (パールグレー), gris rata (ねずみ色), rojo fuego (ファイアーレッド), rojo rubí (ルビーレッド), verde botella (ダークグリーン), verde esmeralda (エメルラルドグリーン), verde oliva (オリーブ色)

[A [P N]] azul (del) agua (水色), azul de Prusia (紺青), azul (de) ultramar (ウルトラマリン), verde (de) musgo (モスグリーン)

これらの色彩を表す語連接は名詞を修飾する場合, 無変化が原則である：

— 133 —

pantalones verde botella（ダークグリーンのズボン）．語連接が名詞的な性格
をもち，前の名詞に対し同格表現を行っていると考えることができる．無変
化である理由としては，これらの語連接の前に color が省略されているとい
う説明もなされる．しかし，実際には性・数の呼応が起きる例も少数ながら
見られる．呼応する場合，[A N] と [A [P N]] 型ではその先頭の構成素のみ
である：los ojos *verdes* esmeralda（エメラルドグリーンの目）．[A A] 型では
前か後のどちらかの構成素が呼応し，両方が同時に呼応することはない：
los vestidos *rojos* oscuro / los vestidos rojo *oscuros*（深紅色のドレス）

11.4. 固有名の語連接

　語連接の中で重要な部分を占めているのが機関，企業，団体などの組織を
示す固有名（denominación propia）である．統語的には名詞句の構成をとる．
普通の語連接は2語からなるものが圧倒的に多いのに対して固有名の語連接
は3語以上からなるものが少なくない．長い名称を呼ぶわずらわしさを避け
るため頭字語が作られ，日常使用されることも多い．かっこ内には対応する
頭字語または略号も示す.

　　[N A]　Comité Olímpico Español（COE, スペイン・オリンピック委員会），
　　　　Estados Unidos（EE. UU., アメリカ合衆国），Unión Europea（UE, 欧州
　　　　連合）

　　[N (A) [P N (A)]] Asociación de Futbolistas Españoles（AFE, スペイン・サッ
　　　　カー協会），Federación Internacional de Baloncesto（FIBA, 国際バスケッ
　　　　トボール連盟），Organización Internacional de Energía Atómica（OIEA,
　　　　国際原子力機関）

　これらの語連接では先頭にある主要部の名詞が固有名としての性・数を決
定する：*los* Estados Unidos, *la* Cruz Roja（赤十字）．しかし，形式上は複数
であっても，意味的に単一の固有名と認識され，定冠詞が付かない場合には，
動詞は複数による呼応を行わない：Estados Unidos *promoverá* el uso de gas
de esquisto.（米国はシェールガスの利用を促進するだろう）

— 134 —

12. その他の語形成法

12.1. 逆成

　逆成（formación regresiva）とは語基から語末の部分を削除して新しい語を作り出す派生の一種である．その際，語類は転換するのが普通である．接辞派生が語基に接辞を付加するいわば足し算の形成法であるのに対し，逆成は語基から一部の分節を取り除く引き算の形成法である．近代スペイン語以前の古い時代にこの方法で動詞から名詞を派生させた少数の例が見られる：desdeñar > desdén（軽蔑），deslizar > desliz（失言），perdonar > perdón（許し），sostener > sostén（支え）．名詞の語末を削除した上で動詞化した例もある：legislador > legislar（法律を制定する）．しかし，現代ではすでにこの方法は生産的ではない．地名と住民形容詞・名詞の間には一見すると逆成のように見える例もある：Alemania（ドイツ）：alemán, Andalucía（アンダルシーア）：andaluz, Mongolia（モンゴル）：mongol．しかし，これらは歴史的には住民名詞から地名が形成されたものである．

　なお，動詞から -o, -e, -a で終わる動作名詞を派生させる一連の操作，例えば pagar > pago（支払い），debatir > debate（討論），marchar > marcha（行進）を逆成と考える説もあるが，逆成を削除による形成ととらえる限り不適切である．本書では既述のとおり接尾辞派生の一種として取り扱った（§9.2.2）．

12.2. 転用

　転用（traslación, metábasis）とは語形を変えずに語類を転換することである．転換，転成と呼ばれることもある．英語では特に動詞と名詞の間でこの方法が広く用いられ，双方向への転用が見られる：*drink*（飲む > 飲み物），*strike*（打つ > 打撃），*house*（家 > 泊める），*ship*（船 > 船積みする）．しかし，スペイン語では名詞と動詞はそれぞれ特有の語尾を持つので，この方法で転

— 135 —

語形変化・語形成

用を行うことは不可能である．一方，形容詞と名詞は形態的に共通点が多く，
形容詞から名詞への転用は容易に行われ，常用されるものが非常に多い．形
容詞は同形のまま通常はその性質・性状を持つ人の意味を表す名詞に転用さ
れる：viejo（年老いた，古い＞老人）．一部の形容詞は名詞化すると性質・
状態の意味を表す：exterior（外側の＞外部）．語彙的に慣用化されていなく
ても形容詞に限定詞を付ければ，臨時的に名詞化することが可能である．男
性または女性の限定詞を付けると，一般に人の意味となり，中性定冠詞 lo
を付けると，性質・性状の意味を表す：rico（裕福な）＞un rico / una rica（金
持ち），lo rico（豊かさ）．次に形容詞から名詞への転用の実例のごく一部を
示す．

[A＞N] amigo（仲のよい＞友だち），comerciante（商売をする＞商人），
contrario（反対の＞反対者），cristiano（キリスト教の＞キリスト教徒），
ejemplar（模範的な＞標本），enemigo（敵の＞敵），enfermo（病気の＞
病人），familiar（家族の＞家族），guapo（きれいな＞美男），joven（若
い＞若い人），jugador（競技する＞選手），mexicano（メキシコの＞メ
キシコ人），muerto（死んだ＞死者），periódico（定期的な＞新聞），
político（政治の＞政治家），público（公の＞観客），sabio（学識のある＞
学者），secreto（秘密の＞秘密），seguro（安全な＞保険），socialista（社
会主義の＞社会主義者），tonto（愚かな＞ばか），vecino（隣の＞隣人）

形容詞から名詞への転用を除くと，スペイン語では語類間の転用の例は少
ない．形容詞から副詞への転用は比較的音節数の少ない少数の語に限られる．
その逆方向の例はまれである．

[A＞Adv] alto（高い＞高く，大声で），bajo（低い＞低く，小声で），
bastante（かなりの＞かなり），claro（明るい＞明らかに），demasiado（あ
まりに多くの＞あまりに），fácil（容易な＞容易に），fuerte（強い＞強く），
largo（長い＞長々と），lento（遅い＞ゆっくりと），mejor（よりよい＞
よりよく），mucho（たくさんの＞多く），peor（さらに悪い＞さらに悪く），
poco（わずかな＞少し），rápido（速い＞急いで），recio（力強い＞力強
く），temprano（早い＞早い時間に）

[Adv＞A] más（もっと多く＞もっと多くの），menos（もっと少なく＞もっ
と少ない）

動詞の不定詞は名詞的な機能を果たす動詞の活用形であり，男性定冠詞 el

— 136 —

が付くこともある．しかし，語彙的に慣用化して名詞に転用されたと言えるものは非常に限られている．動詞から転用された名詞はすべて男性である．

[V > N] deber（…しなければならない > 義務），devenir（なる，生成する > 生成，変転），haber（[助動詞] > 財産），parecer（…のように見える > 意見），placer（喜ばしい > 喜び），poder（…できる > 力，権力），saber（知っている > 知識），ser（である > 人，存在），ver（見る > 視覚）

12.3. 短縮

短縮（acortamiento, truncamiento）とは語基の意味は保ったままでその一部の分節を削除することであり，それにより形成された語を短縮語と呼ぶ．語基のどの部分を削除するかによって語頭省略（aféresis），語中省略（síncopa）および語末省略（apócope）に分類できるが，最も普通なのは語末省略である．短縮によって語義は変わらず，文法的性も原則として変わらない．しかし，短縮語は元の語基に比べて軽蔑などのニュアンスを伴う場合もある．短縮語は学生や若者，職場仲間などの話し言葉で使用され始めることが多く，当初は正式でない談話スタイルの表現あるいは隠語であるが，広く利用されると社会的に認知されて正式（formal）の談話スタイルでも使用される語となるに至る．

A. 語末省略

スペイン語の語末省略は語頭の2音節を残して短縮を行うものが多い．短縮によりアクセントの位置は変わり，2音節語の場合は末尾第2音節強勢語になる．正式な談話スタイルでも用いられる短縮語には次のような例がある．

cinematógrafo > cine（映画，映画館），estereofónico > estéreo（ステレオ），fotografía > foto（写真），kilogramo > kilo（キロ（グラム）），metropolitano > metro（地下鉄），motocicleta > moto（オートバイ），radiodifusión > radio（ラジオ），taxímetro > taxi（タクシー），(parque) zoológico > zoo（動物園）

主に話し言葉で用いられる短縮語としては次のような例がある．なお，Am. はイスパノアメリカ（Hispanoamérica），Mx. はメキシコ，Esp. はスペインのスペイン語を示す．

automóvil > auto（自動車），bicicleta > bici（自転車），bolígrafo > boli（ボー

— 137 —

語形変化・語形成

ルペン），discoteca > disco（ディスコ），frigorífico > frigo（冷蔵庫），
microbús > micro（Am. マイクロバス），micrófono > micro（マイク），
narcotraficante > narco（麻薬密売人），otorrinolaringólogo > otorrino（耳
鼻咽喉科医），progresista > progre（進歩派），refrigerador > refri（Am. 冷
蔵庫），señora > seño（Am. 奥さん），supermercado > súper（スーパー），
televisión / televisor > tele（テレビ）

若者・学生言葉では正式ではない談話スタイルで短縮語が頻繁に使用される．

capitán > capi（陸軍・空軍大尉，船長），colegio > cole（小学校），
compañero > compi（仲間），cumpleaños > cumple（誕生日），director >
dire（校長），facultad > fácul（学部），homosexual > homo（ホモ），
información > info（情報），instituto > insti（Esp. 公立高校），lesbiana >
lesbi（レスビアン），matemáticas > mates（数学），película > peli（映画），
peluquería > pelu（理髪店，美容院），policía > poli（警官），preparatoria
> prepa（Mx. 高校），por favor > porfa（すみません），presidente > presi（会
長，社長），profesor > profe（先生），señorita > seño（Esp. 女の先生），
universidad > uni（大学），vacaciones > vacas（休暇）

近年の傾向として特にスペインの若者言葉では語頭の3音節を残す短縮語
が生まれている．

analfabeto > analfa（非識字者），conversación > conversa（会話），
ecologista > ecolo（環境運動家），fonendoscopio > fonendo（聴診器），
ginecólogo > gineco（婦人科医）

この型の短縮では短縮語の末尾が一部改変されることもある．

bocadillo > bocata（Esp. ボカディーリョ［フランスパンのサンドイッ
チ］），cuba libre > cubata（キューバリブレ［カクテル］），estupefaciente
> estupa（麻薬），manifestación > manifa（デモ），masoquista > masoca（マ
ゾヒスト），socialista > sociata（社会主義者）

人名が短縮されることもあり，愛称として使用される．短縮と同時に一部
の音が変化することもある．語末に -i が現れるのは英語の愛称の影響と見
られる．

《男子名》Alejandro > Álex / Alejo, Bernardo > Berni / Berna, Bonifacio >
Boni, Eduardo > Edu, Emilio > Emi / Emil, Felipe > Feli, Francisco >

Francis / Franchi, Javier > Javi, Miguel > Migue, Nicolás > Nico / Niqui, Salvador > Salva / Chava, Sebastián > Seba / Sebas, Teodoro > Teo

《女子名》Beatriz > Bea, Concepción > Concha / Conchi, Inmaculada > Inma, Isabel > Isa, Magdalena > Magda, María > Mari, Mercedes > Merche / Mercha, Milagros > Mila, Monserrat > Monse / Monti, Pilar > Pili, Remedios > Reme, Susana > Susi, Teresa > Tere, Trinidad > Trini, Verónica > Vero

《男子名・女子名》Daniel / Daniela > Dani, Gabriel / Gabriela > Gabi / Gabri, Julio / Julia > Juli, Rafael / Rafaela > Rafa

短縮されるのは大部分が名詞であるが，形容詞の例もある．短縮語の形容詞は無変化となるのが普通である．

depresivo > depre（ふさぎ込んだ），divertido > díver（おもしろい），extraordinario > extra（極上の），impecable > impeque（完璧な），pornográfico > porno（ポルノの），preferido > prefe（お気に入りの），repetido > repe（繰り返しの），superior > súper（最高の）

B. 語頭省略

語頭省略の短縮語は例が少なく，俗語的な談話スタイルのものが多い．

autobús > bus（バス），compañero > ñero（Am. 友だち），entonces > tonces（Am. その時），hermano > mano（Am. 友だち），migración > migra（Mx. 米国国境警備隊），muchacho > chacho（友だち），muchacha > chacha（女友だち），telefonazo > fonazo（電話をかけること），violonchelo > chelo（チェロ）

人名の愛称として語頭省略の形式が用いられることもある．普通名詞の語頭省略はまれであるが，人名はより頻度が高い．語頭省略とともに一部の音が変化する場合もある．

《男子名》Alberto > Beto / Berto, Alfredo > Fredo, Ángel > Gelo / Gel, Antonio > Toni / Toñi, Constantino > Tino, Fernando > Nando, Ignacio > Nacho, Jesús > Suso / Chus, Joaquín > Quino, Octavio > Tavo

《女子名》Alejandra > Sandra / Jandra, Antonia > Toni / Toña, Catalina > Lina, Consuelo > Chelo, Dolores > Lori / Lola, Graciela > Chela / Cheli, Guadalupe > Lupe / Lupi, Isabel > Chabe / Chabela / Chabeli, Ramona > Mona / Moncha, Rosario > Charo

語形変化・語形成

C. 語中省略

語中省略による短縮語はまれである.

Barcelona > Barna (バルセローナ), departamento > depto (部, アパート),
sudamericano > sudaca (南米人)

12.4. 頭字語

頭字語 (sigla) とは略語の一種で, 語連接の構成素である語の頭文字を取り出し, 結合させて形成される語である. 略号 (abreviatura), 例えば Sr. (señor), Ud. (Usted), EE.UU. (Estados Unidos) などが単なる表記上の省略であって, 音韻的には完全な語に復元して読むのに対して頭字語は元の語連接から新たに形成された一つの語であり, 復元して読むことはない. 頭字語は原則として名詞であり, その意味は語基である語連接と同じであり, 文法的性は語基である語連接の主要部の性に従う. 例えば, PP (< Partido Popular [スペイン] 国民党) は男性 (el PP), UE (< Unión Europea 欧州連合) は女性 (la UE) である. したがって, 語形だけでは性を判断できない場合が多い. 以下の例には m. (男性), f. (女性) と表示する.

頭字語は, その読み方から3種類に分かれる. 第1は構成する頭字を1字ずつ文字名で発音するもので, 字名読み頭字語 (sigla deletreada) と言い, 英語からイニシャリズム (*initialism*) と呼ぶこともある. 第2は全体を通常の語のように1語として発音するもので, 単語読み頭字語 (sigla silabeada, acrónimo) と言う. 第3はスペイン語の音節として発音できない部分は字名読みとし, 可能な部分は音節として発音する混合読みの語である. 表記上, 頭字語はすべて大文字で書くのが原則であるが, 単語読み頭字語の場合, 名詞として定着すると, 固有名の場合は語頭のみ大文字, 普通名詞はすべて小文字で書かれることもある. 頭字語は略号と異なり, 正書法上では省略符 (ピリオド) を付けない.

A. 字名読み頭字語

ADN < ácido desoxirribonucleico (m. デオキシリボ核酸, DNA), BCE < Banco Central Europeo (m. 欧州中央銀行), BIRD < Banco Internacional para la Reconstrucción y el Desarrollo (m. 国際復興開発銀行, 世銀), CNP < Cuerpo Nacional de Policía (m. [スペイン] 国家警察隊), CNT <

— 140 —

Confederación Nacional del Trabajo（f.［スペイン］全国労働同盟），COI
< Comité Olímpico Internacional（m. 国際オリンピック委員会，IOC），
CTM < Confederación de Trabajadores de México（メキシコ労働同盟），
DNI < Documento Nacional de Identidad（m. 国民身分証明書），FM <
frecuencia modulada（f. FM），FMI < Fondo Monetario Internacional
（m. 国際通貨基金，IMF），IPC < Índice de Precios al Consumidor（m. 消
費者物価指数），OEA < Organización de los Estados Americanos（f. 米州
機構），OMS < Organización Mundial de la Salud（f. 世界保健機構，
WHO），ONG < organización no gubernamental（f. 非政府組織，NGO），
PNB < Producto Nacional Bruto（m. 国民総生産，GNP），RTVE <
Radiotelevisión Española（f. スペイン国営放送），TDT < televisión digital
terrestre（f. 地上波デジタルテレビ放送）

B. 単語読み頭字語

ACUDE < Asociación de Consumidores y Usuarios de España（f. スペイン
消費者協会），AVE < Alta Velocidad Española（m. スペイン高速列車），
CELAC < Comunidad de Estados Latinoamericanos y Caribeños（f. ラテン
アメリカ・カリブ諸国共同体），DELE < Diploma de Español como
Lengua Extranjera（m.［外国語としての］スペイン語認定証），DRAE <
Diccionario de la Real Academia Española（m. スペイン・アカデミア辞典），
FIFA < Federación Internacional de Fútbol Asociación（f. 国際サッカー連
盟），Fundéu < Fundación del Español Urgente（目の前のスペイン語財団），
INE < Instituto Nacional de Estadística（m.［スペイン］国立統計院）/
Instituto Nacional Electoral（m.［メキシコ］全国選挙管理機構），IVA <
［Esp.］Impuesto sobre el Valor Añadido /［Mx.］Impuesto del Valor
Agregado（m. 付加価値税），ONU < Organización de las Naciones Unidas
（f. 国際連合），OTAN < Organización del Tratado del Atlántico Norte（f. 北
大西洋条約機構，NATO），ovni < objeto volante no identificado（m. 未確
認飛行物体，UFO），PAN < Partido Acción Nacional（m.［メキシコ］国
民行動党），PRI < Partido Revolucionario Institucional（m.［メキシコ］制
度的革命党），pyme［píme］< pequeña y mediana empresa（f. 中小企業），
Renfe < Red Nacional de Ferrocarriles Españoles（f. スペイン国営鉄道），
SICA > Sistema de Integración Centroamericana（m. 中米統合機構），sida

— 141 —

語形変化・語形成

< síndrome de inmunodeficiencia adquirida (m. エイズ), SIELE < Servicio Internacional de Evaluación de la Lengua Española (m. スペイン語国際評価サービス), uci < unidad de cuidados intensivos (f. 集中治療室), UNAM < Universidad Nacional Autónoma de México (f. メキシコ国立自治大学)

C. 混合読みの頭字語

CSIC [θesík] < Consejo Superior de Investigaciones Científicas (m. [スペイン] 高等科学研究院), PSOE [pesóe] < Partido Socialista Obrero Español (m. スペイン社会労働党), TLCAN [telekán] < Tratado de Libre Comercio de América del Norte (m. 北米自由貿易協定, NAFTA)

スペイン語では英語その他外国語の頭字語を導入するとき，できるだけ翻訳してスペイン語化することが多いが，そのまま借用して使用する場合もある．次のような例がある．外来語の頭字語は男性扱いとなることが多い．

《字名読み頭字語》CD < *compact disc*, DVD < *digital versatile disc*, ISBN < *International Standard Book Number*, ISSN < *International Standard Serial Number* (国際標準逐次刊行物番号), LCD < *liquid crystal display* (液晶ディスプレイ), PDF < *Portable Document Format*, UHF < *ultra high frequency*

《単語読み頭字語》Brexit < *Britain Exit* (英国の EU 離脱), CIA [θía] < *Central Intelligence Agency* (f. [米国] 中央情報局), ETA < *Euskadi ta Askatasuna* (バスク国と自由 [テロ組織]), láser < *light amplification by stimulated emission of ratiation* (レーザー), LED < *light emitting diode* (発光ダイオード), radar < *radio directing and ranging* (レーダー), sónar < *sound navigation and ranging* (ソナー), Unesco < *United Nations Educational, Scientific and Cultural Organization* (f. ユネスコ), Unicef < *United Nations Children's Fund* (ユニセフ), VIP < *very important person* (m-f. 重要人物)

12.5. 混成

混成 (acronimia) とは 2 語以上の語基の一部を切り取り結合したもので，形成された形式を混成語 (acrónimo, palabra entrecruzada, palabra percha) と

12. その他の語形成法

言う．混成で一般的な方法は，最初の語から語頭の１～２音節を切り取って
残し，後の語と結合させる，あるいは後の語も語頭または語末から１～２音
節を切り取って残し結合させるものである．アカデミア（RAE 2009: §11.1）
は前記の字名読み頭字語と混成語を同じく acrónimo と呼び，区別しないが，
混成語は頭文字ではなく原則として音節を切り出すことが相違点である．混
成語の大部分は名詞である．普通名詞の場合は，後の構成素が主要部であり，
文法的性を決める．構成素に形容詞が含まれる場合，スペイン語の通常の語
順と異なり，「形容詞＋名詞」の構成となることがある．

> cantautor（シンガーソングライター）< cantante + autor, docudrama（再
> 現ドラマ）< documental + drama, ejerciclo（エアロバイク）< ejercicio +
> biciclo, helipuerto（ヘリポート）< helicóptero + puerto, narcotráfico（麻
> 薬取引）< narcótico + tráfico, ofimática（オフィスオートメーション）<
> oficina + informática, petroquímica（光化学）< petróleo + química

　新古典複合語が短縮されて生じた２次的な新古典的語幹に別の語基を結合
させた混成語もある．

> automóvil > auto- > autobomba（消防ポンプ車）, autocine（ドライブイン
> シアター）, autoescuela（自動車教習所）, autopista（高速道路）,
> autorradio（カーラジオ）
>
> ecológico > eco- > ecosistema（生態系）, ecotasa（環境税）,
> ecotoxicología（生態毒性学）, ecoturismo（自然保護観察旅行）
>
> televisión > tele- > teleadicto（テレビ中毒の）, telebasura（低俗番組）,
> telediario（テレビニュース）, teletienda（テレビショッピング）,
> telenovela（テレビドラマ）

　機関，企業，団体などの固有名も混成の方法で形成されることがある．発
音しやすい形態とするため，語基から切り出した音節と頭文字を組み合わせ
ることもあり，この場合は単語読み頭字語に近いものとなる．文法的性は語
基の主要部の性に従う．

> CONACYT < Consejo Nacional de Ciencia y Tecnología（m.［メキシコ］
> 国家科学技術評議会）, Edomex [eðoméks] < Estado de México（m. メキ
> シコ州）, Mercosur < Mercado Común del Sur（m. 南米南部共同市場）,
> Endesa < Empresa Nacional de Electricidad Sociedad Anónima（f. エンデ
> サ社［旧スペイン国立電力会社］）, OFINES < Oficina Internacional

— 143 —

語形変化・語形成

de Información y Observación del Español（f. 国際スペイン語情報・観察
事務局），PARLACEN < Parlamento Centroamericano（m. 中央アメリカ
議会），Pemex < Petróleos Mexicanos（m. メキシコ国営石油会社），
SERMAS < Servicio Madrileño de Salud（m. マドリード自治州保健機構），
Unasur < Unión de Naciones Suramericanos（f. 南米諸国連合）

スペイン語圏では個人名（洗礼名）が2語以上からなる場合がよく見られ
るが，それから混成語が作られ，愛称として用いられることがある．

《男子名》Franja < Francisco Javier, Jesusma < Jesús Manuel, Joseja < José
Javier, Josema < José María / José Manuel, Josemi < José Miguel, Juancar /
Juanca < Juan Carlos, Juanjo < Juan José, Juanma < Juan Manuel / Juan
María, Juanmi < Juan Miguel, Juanra < Juan Ramón, Luislo < Luis
Lorenzo

《女子名》Anabel < Ana Isabel, Analú < Ana Lucía / Ana Luisa, Anamari <
Ana María, Maite < María Teresa, Majo < María José, Maribel < María
Isabel, Marijo < María José, Marilú < María Luz / María Guadalupe,
Marisa < María Isabel / María Luisa, Marisol < María Soledad, Marivi <
María Victoria, Rosabel < Rosa Isabel

12.6. 造語

新語（neologismo）を形成する際，接辞派生以外でよく利用される方法は
借用と造語である．広い意味での造語には既存の語基を利用する場合と利用
しないで創造する場合があるが，既存の語基をまったく利用しない狭い意味
での造語（acuñación）は非常にまれである．しかし，商品名，商標，固有名
の命名などでは時に行われることがある．

造語された商品名が普通名詞に転用されることもある．

aspirina（アスピリン）< 独 *Aspirin*, birome（Am. ボールペン）< *Biró*［発
明者］, claxon（クラクション）< *Klaxon*, clínex（ティシュー）<
Kleenex, jeep［jíp］/ yip（ジープ）< *Jeep*, saxofón（サキソフォン）< *Sax*
［発明者］, táper / túper（タッパーウェア）< *Tupperware*, vaselina（ワセ
リン）< *Vaseline*

人名・地名の固有名詞から単位名や普通名詞，動詞を作り出すのも造語の

— 144 —

一種である．スペイン語にあるそうした語の多くは借用語として導入された
後，スペイン語の形態論的原則に合致した語末の改変や接尾辞の付加が行わ
れ，正書法の適応化を受けたものである．

《単位名》amperio（A アンペア）< *Ampère*, belio（B ベル）< *Bell*,
culombio（C クーロン）< *Coulomb*, faradio（F ファラド）< *Faraday*,
hercio（Hz ヘルツ）< *Hertz*, julio（J ジュール）< *Joule*, kelvin（K ケル
ビン）< *Kelvin*, newton（N ニュートン）< *Newton*, pascal（Pa パスカル）
< *Pascal*, vatio（W ワット）< *Watt*, voltio（V ボルト）< *Volt*

《その他》boicotear（ボイコットする）< *Boycott*, guillotina（ギロチン）<
Guillotin, leotardo（レオタード）< *Léotard*, linchar（リンチする）<
Lynch

13. 借　用

13.1.　借用とは

　借用は非線条的または偶発的な語形成法の一つである．借用（préstamo lingüístico）とは，ある言語が他の言語から語を採り入れることを指し，採り入れられた語を借用語（préstamo léxico, préstamo）と言う．借用の特殊な場合として翻訳借用と意味借用がある．翻訳借用（calco léxico）とは，借用するとき元の語の意味をなぞって翻訳し，採り入れることで，特に複合語または語連接を借用する際に起こる現象である．例えば，*skyscraper* > rascacielos（摩天楼），*hot dog* > perrito caliente（ホットドッグ）．意味借用（calco semántico）とは元の語の意味を既存の語の用法に付け加えるもので，スペイン語では英語など異言語の語義がスペイン語の同語源の語に加わる現象がときどき見られる．例えば，動詞 ignorar は「知らない」が本来の意味であるが，これに英語の同語源の動詞 *ignore* の影響で「無視する」の意味が加わったような場合である．

　借用語の意味は元の語の意味とずれることがある．意味変化でよく見られるのは意味が拡大する一般化と逆に意味が縮小する特殊化であるが，借用語で起きやすいのは意味の特殊化である．例えば，英語の meeting は一般的な「会議，集会」の意味であるが，スペイン語の借用語 mitin は「政治集会，討論会」の意味である．また，日本語のサケは「酒」一般を指すが，借用語 sake は「日本酒」を指す．

13.2.　スペイン語の語彙の種類

　スペイン語の語彙はその出自によって分類すると，伝承語，学識語および借用語に大別することができる．スペイン語はラテン語から派生したロマンス諸語の一つであるが，伝承語（palabra patrimonial）とはスペイン語の直接

— 146 —

13. 借 用

の祖先である俗ラテン語から民衆の間で歴史的に伝承されてきた語彙であり，話し言葉として使用される間に歴史的な音韻変化を被っている．スペイン語の語彙の大部分を占め，日常も使用頻度の高い語彙である．

　学識語（cultismo）とは中世以降ラテン語・ギリシャ語から文化的・学術的語彙として導入された語彙である．ギリシャ語起源の場合は，いったんラテン語を経由し，ラテン語的な綴り字と語尾に適応させた上で導入されるのが原則である．学識語は歴史的な音韻変化を経ていないので，ラテン語に近い形式を保持しているが，スペイン語の音韻的原則に合うように発音され，語尾もスペイン語の形態的原則に適合するよう改変された上でスペイン語の正書法に従って表記される：collocare > colocar（置く），(ecclesia) cathedralis > catedral（大聖堂），nocturnus > nocturno（夜の）．また，伝承語ほど完全な音韻変化を経ていないが，一定の音韻変化を被った学識語の一種を準学識語（semicultismo）と言う．時には同語源の語が歴史的な由来の相違から伝承語と学識語に分かれ共存している場合もある．例えば，ラテン語の同じ語源から変化した語のペア articŭlus > artículo（記事，商品）/ artejo（指関節），forma > forma（形）/ horma（木型），intĕgrus > íntegro（完全な）/ entero（全体の）では前の形式が学識語，後の形式が伝承語である．一方，regŭla > regla（定規，規則）/ reja（格子）のペアでは前の形式が準学識語，後の形式が伝承語である．これらの語源を同じくする語のペアは二重語（doblete）と呼ばれる．学識語と準学識語は，通常借用語としては扱わない．

　ちなみに，ラテン語から直接そのままの形式で採り入れたものはラテン語借用語（latinismo）と呼ばれ，学識語とは区別される．この場合も，スペイン語の正書法に合わせアクセント記号を付すなど最小限の適応化が行われる．次のような例がある．

　　accésit（次点），addenda / adenda（補遺），alias（別名では），bis（アンコール，［同一番号を区別して］同２），clímax（絶頂），currículum（履歴書），déficit（赤字），hábitat（生息地），ibídem（同じ箇所に），ídem（同上），médium（霊媒），referéndum（住民投票），quántum（量子），quórum（定足数），sic（原文のまま），súmmum（最高），superávit（黒字），ultimátum（最後通牒），vademécum（手引書）

— 147 —

13.3. 外来語の適応化

　古代・中世など古い時代の歴史的な借用語は完全に土着化して，すでにそれが借用語であることが意識されなくなっているものが多いが，近代・現代の新しい借用語は外来語 (extranjerismo) と呼ばれ，区別される．外来語には発音や表記が原語のままか，それに近い「生の外来語 (extranjerismo crudo)」と音韻的にも表記的にもスペイン語化した「適応化した外来語 (extranjerismo adaptado)」がある．時には両方の形式が共存している場合もある．例えば，英語 *smoking jacket*（タキシード）に由来するスペイン語の借用語としては生の形式 smoking と適応化した形式 esmoquin が共存する．十分適応化していない生の外来語はイタリック体で表記されることもある．

　スペイン語は歴史的に見て外来語の受け入れをあまりいとわない言語であるが，受け入れた後，音韻・形態・表記の上ではスペイン語に適応化させようとする傾向が強い．適応化は外来語が定着するに連れ次第に進行するものであるが，現代スペインには適応化を計画的に勧告する国家機関が存在する．スペイン語の規範の維持を目的とするアカデミア（スペイン王立学士院，Real Academia Española）である．アカデミアは，その出版活動を通じてスペイン語にとって不要な外来語と判断するものは言い換えを勧め，受け入れた外来語には適応化した表記を推奨する．推奨した形式の中には一般に定着しないものもあるが，スペイン語圏の辞典や出版物，教育に与える影響は大きい．

　スペイン語は文法的性を持つ言語なので，名詞を借用する場合はその性を定める必要がある．フランス語・イタリア語などスペイン語と同じく名詞が性を持ち，それに対応する一定の語尾を持つ同系の言語の場合は，借用源の語の性に従うのが原則である．英語や日本語のように性を持たない言語に由来する場合は，借用された名詞は男性となるのが原則である．ただし，人を表す名詞の場合は，その意味に従い男性か女性となり，男女どちらも指す場合は性共通名詞扱いとなるのが普通である：un gángster（m. ギャング），una geisha（f. 芸者），un / una detective（m-f. 探偵）

　借用語が定着すると，それを語基として派生語が生じることもある：

　　leader > líder > liderar（首位に立つ）> liderazgo（指導力），*lunch* > lonche（Am. ランチ）> lonchería（Am. 軽食堂），*shinto* > sintoísmo >

sintoísta（神道信者）

13.4. 歴史的な借用語

　スペイン語は古代から現代に至る歴史を通じてさまざまの言語から多数の借用語を導入してきた．その点でスペイン語は，ヨーロッパの言語の中で英語と並んで語彙の借用を最も盛んに行ってきた言語の一つと言えるかもしれない．この点では，できるだけ母語の語根を利用して派生語の形成や翻訳借用を行ってきたドイツ語，オランダ語などとは対照的と言えるだろう．もう一つスペイン語の借用の特徴と言えるのは，歴史的な時期により主流となる借用源の言語が変遷してきたことである．

　最古の時代の借用は，紀元前3世紀イベリア半島にローマが進出し，ラテン語化が進行する中で先住民が話していた言語が残した語彙である．半島には非印欧語系のイベリア語（ibero, ibérico），バスク語（vascuence），印欧語系のケルトイベリア語（celtíbero, celtibérico）など多くの言語が使用されていたが，ローマ帝政期にはバスク語を除きすべて死語となってしまった．しかし，それらの言語は言語基層（sustrato）となってヒスパニアのラテン語に影響を残すことになった．イベリア語のような非印欧系の言語が起源と推定されるスペイン語の語彙には次のようなものがある．

　　alud（雪崩），arroyo（小川），barranco（断崖），cama（ベッド），charco（水たまり），conejo（ウサギ），gordo（太った），gusano（虫），manteca（脂肪），zurdo（左利きの）

　また，印欧系のケルトイベリア語起源とされる語彙には次のような例がある．

　　álamo（ポプラ），brío（活力），colmena（ミツバチの巣箱），gancho（フック），garza（サギ），porra（棍棒）

西ローマ帝国は5世紀後半に滅亡するが，すでにこの世紀初頭からイベリア半島にはゲルマン人が侵入を開始していた．中で最も有力だった西ゴート人は5世紀末に西ゴート王国を建国した．西ゴート人はゲルマン語派東ゲルマン語系のゴート語（gótico）を話していたが，早くからラテン語化が進み，半島に侵入してから比較的短期間でゴート語は死語となってしまう．それでも言語接触の結果，次のようなゴート語起源の語彙がスペイン語に残った．

— 149 —

albergar（収容する），banda（集団），brotar（芽吹く），casta（血統），espía（スパイ），espuela（拍車），ganar（得る），guardia（監視），rico（金持ちの），tapa（ふた）

7世紀に成立したイスラム教は急速に勢力を拡大し，8世紀初めに北アフリカからイスラム教徒がイベリア半島に侵攻した．イスラム教徒はさまざまの民族で構成されていたが，中心となるのは上層のアラブ人と下層のベルベル人（モーロ人）であって，アラビア語が共通語であった．当時のイスラム・カリフ国は東方のペルシャ・インドの文化と西方のヘレニズム文化を吸収して高度の文明を発展させていた．この時期はラテン語がロマンス諸語に移行する時期に当たる．イベリアのロマンス語にはイスラム文化の担い手であるアラビア語からさまざまの分野の多数の借用語が流入することになった．その中にはサンスクリット語やペルシャ語起源でアラビア語を経由したものも含まれる．アラビア語からの借用語（arabismo）は多数あるが，主なものとしては次のような例がある．

aceite（オリーブ油），aduana（税関），ajedrez（チェス），albañil（左官），alberca（貯水槽，Mx. プール），albóndiga（肉団子），alcalde（市町村長），álcali（アルカリ），alcanfor（樟脳），alcantarilla（下水道），alcázar（城），alcoba（寝室），alcohol（アルコール），aldea（村），alfombra（じゅうたん），álgebra（代数），algodón（綿），alhaja（宝石），almacén（倉庫），almohada（枕），alquiler（賃貸，賃貸料），arroz（米），azafrán（サフラン），azúcar（砂糖），azufre（硫黄），azul（青い），cifra（数字），guitarra（ギター），jabalí（イノシシ），jarabe（シロップ），limón（レモン），loco（気の狂った），marfil（象牙），mezquita（モスク），naranja（オレンジ），sandía（スイカ）

借用語としては珍しく前置詞や間投詞にもアラビア語起源のものがある：

hasta（…まで），ojalá（どうか…であるように）

イスラム支配を免れた北部辺境ではキリスト教徒による失地回復の動きが始まるが，10世紀頃からいくつかのキリスト教王国が成立して国土回復戦争（Reconquista）の拠点となった．同時に地域ごとにカスティーリャ語を始めとするロマンス語諸方言の分立が始まった．11世紀以降ガリシアにある聖地サンティアゴ・デ・コンポステーラへの巡礼が盛んとなり，隣のフランスとの宗教的・文化的交流も拡大した．この結果，フランス南部のオック語（occitano），北部のフランス語から多数の語彙が借用されるようになった．

13. 借用

　13世紀アルフォンソ10世 (Alfonso X) 時代のカスティーリャ王国ではラテン語に代わってカスティーリャ語 (スペイン語) が公用語とされるという画期的な出来事が起きた．それまで話し言葉しかなかったカスティーリャ語は書き言葉として必要な語彙を多数ラテン語から導入し，また伝承語を語基として派生語・複合語を形成し，補った．この時代から次第に必要な文化的語彙はそれまでのアラビア語に代わってラテン語・ギリシャ語からの学識語やフランス語やオック語からの借用で賄うようになった．

13.5. 近代の借用語

　15世紀末にスペイン王室の後援を受けたコロンブスが新大陸に到達し，スペインが西欧諸国に先駆けて新大陸進出を果たすと，アメリカ先住民諸語から多数の語彙がスペイン語に流入することになった．スペインの文学・美術が隆盛を極めた黄金世紀 (16 〜 17世紀) には，いち早くルネッサンス文化を開花させたイタリア語から語彙が借用されたが，その一方スペイン語からも多くの語彙が欧州の他の言語に借用されるようになった．17世紀後半以降スペインは政治的・経済的に没落し，反対にフランス・英国が興隆期を迎える．それまではむしろ他言語へ借用語を供給していたスペイン語は多数の語彙を主にフランス語と英語から借用するようになった．20世紀以降は特に英語からの借用が目立っている．近代ではラテン語・ギリシャ語の語基を利用して形成された学識語も重要な部分を占めるが，その多くは英語・フランス語などを経由した国際的語彙である．こうした学識語は借用語から除いて考えるのが普通である．

A. アメリカ借用語

　アメリカ先住民諸語から借用語はアメリカ借用語 (americanismo) と呼ばれる．その中にはスペイン語を経て他の西洋諸語に借用された語も数多い．その主な借用源はカリブ海域のアラワク語 (arahuaco)，タイーノ語 (taíno)，メキシコのナワトル語 (náhuatl)，マヤ語 (maya)，南米のケチュア語 (quechua)，グアラニ語 (guaraní) などである．ちなみに，カリブ海域の先住民諸語はスペイン人の支配が始まってから短期間で死語となった．アメリカ借用語には次のような例がある．SA. は南米，CA. は中米のスペイン語を示す．

— 151 —

語形変化・語形成

aguacate（アボカド）, ají（SA. トウガラシ）, alpaca（アルパカ）, barbacoa（バーベキュー）, batata（サツマイモ）, butaca（安楽いす）, cacahuete（南京豆）, cacao（カカオ）, cacique（ボス）, camote（Am. サツマイモ）, canoa（カヌー）, chicle（チューインガム）, chile（Mx., CA. トウガラシ）, chocolate（チョコレート）, coyote（コヨーテ）, hamaca（ハンモック）, huracán（ハリケーン）, jaguar（ジャガー）, llama（リャマ）, maíz（トウモロコシ）, manatí（マナティー）, pampa（パンパ）, papa（Am. ジャガイモ）, patata（Esp. ジャガイモ）, sabana（サバンナ）, tomate（トマト）

B. イタリア語からの借用語

黄金世紀にはイタリア語から文学，芸術，商業，軍事分野などの語彙が借用されたが，18 世紀以降は特に音楽・美術用語の借用が目立つ．主要なイタリア語からの借用語（italianismo）は次のようなものである．

alerta（警報）, aria（アリア）, asalto（襲撃）, balcón（バルコニー）, bancarrota（破産）, boceto（スケッチ）, brújula（羅針盤）, café（コーヒー）, campeón（戦士）, casino（カジノ）, diseño（設計図）, dueto（二重奏）, esbelto（すらりとした）, fachada（建物の正面）, fracasar（失敗する）, grupo（グループ）, macarrón（マカローニ）, manejar（操作する）, medalla（メダル）, miniatura（細密画）, modelo（モデル）, novela（小説）, ópera（オペラ）, payaso（道化師）, piano（ピアノ）, piloto（水先案内人，操縦士）, porcelana（磁器）, serenata（セレナード）, sonata（ソナタ）, soprano（ソプラノ）, tenor（テノール）, terracota（テラコッタ）, violín（バイオリン）

C. カタルーニャ語からの借用語

カタルーニャ語（catalán）はスペインのカタルーニャ，バレンシア，バレアレス諸島などで話される言語である．カタルーニャ（バルセローナ伯爵領）は 12 世紀以降アラゴンととともにアラゴン連合王国を構成していたが，この王国は 15 世紀以降カスティーリャ王国とともに同君連合国家を形成するに至り，それがスペイン国家統一の基礎となった．アラゴン連合王国は地中海に勢力を拡大した海洋国家であったので，海事・商業用語を中心にカタルーニャ語からスペイン語への借用が行われた．主要なカタルーニャ語からの借用語（catalanismo）は次のようなものである．

— 152 —

13. 借 用

barraca（小屋，バラック），betún（瀝青），buque（船舶），crisol（るつぼ），cuartel（兵営），entremés（前菜），faena（仕事），festejar（祝う），forastero（よその土地の，よそ者），grúa（クレーン），plantel（苗床，スタッフ），sotavento（風下）

D. ポルトガル語からの借用語

ポルトガルはスペインの隣国であり，歴史的にも文化的にも関係は深いが，ポルトガル語からの借用語はあまり多くない．スペインと並んで大航海時代の主役であったので，海事・漁業分野を中心に借用が見られる．主要なポルトガル語からの借用語（lusitanismo）は次のとおりである．

bambú（竹），bandeja（盆），buzo（潜水士），caramelo（カラメル），catre（簡易ベッド），charol（エナメル），chubasco（にわか雨），despejar（取り除く），mejillón（ムール貝），mermelada（ジャム），monzón（モンスーン），ostra（カキ貝），tanque（タンク），traje（衣服）

E. フランス語からの借用語

18世紀初頭スペイン継承戦争の結果，フランスのブルボン王朝の分家がスペインを統治するようになると，隣国フランスの文化的影響が強まり，啓蒙時代の文化がスペインに流入して多数の語彙が借用されることになった．以来，隣国のフランス語からの借用は英語が優勢になる現代まで続いてきた．フランス語からの借用語（galicismo）としては次のような例がある．

ballet（バレエ），bicicleta（自転車），blusa（ブラウス），botella（びん），bricolaje（日曜大工），brigada（旅団），bufé（バイキング料理），camión（トラック），carné（証明書），chalet / chalé（一戸建て住宅），chaqueta（上着），chasis / chasís（車台），chef（料理長），chófer / chofer（運転手），complot（陰謀），cupón（クーポン），detalle（詳細），ducha（シャワー），ficha（カード），finanza（財政），fusil（小銃），garaje（車庫），gripe（感冒），hotel（ホテル），jamón（ハム），limusina（リムジン），moda（流行），paisaje（風景），pantalón（ズボン），paquete（小包），resorte（ばね），restaurante（レストラン），ruta（経路），sofá（ソファー），vagón（鉄道車両）

F. ドイツ語からの借用語

19世紀末に統一を達成したドイツは産業と学術の発展が著しく，スペインにも文化的影響を及ぼしたが，ドイツ語の語彙はフランス語を経由してスペイン語に借用される場合が多く，直接借用された語はあまり多くない．ド

— 153 —

イツ語からの借用語（germanismo）には次のような例がある.

bismuto（ビスマス），blocao（< Blockhaus, 簡易防塞），búnker（地下壕），cuarzo（< Quartz, 石英），feldespato（長石），kindergarten（幼稚園），leitmotiv（ライトモチーフ），nazi（ナチスの），níquel（ニッケル），zepelín（ツェッペリン飛行船）

G. 英語からの借用語

スペインの黄金世紀以前には英語からスペイン語に借用された語はほとんどなかった．最も古い時代，15世紀に借用されたと見られるのは英語起源の方位名 norte（北），este（東），sur（南），oeste（西）であるが，フランス語経由と推定される．しかし，18世紀半ば英国がいち早く産業革命の時代に入って経済的に繁栄し，科学技術の分野で世界をリードするようになると，次第に英語からの借用が増え始めた．それまでのフランス語に代わって英語からの借用が目立って増えるのは19世紀末頃からである．さらに20世紀以降英国に代わって米国が世界的大国となり，あらゆる分野で英語からの借用が活発となった．英語からの借用語（anglicismo）は膨大なので，分野別に一部の例を示す．スペイン語に適応化した形式あるいは異形がある場合は併記する.

《政治・経済》chárter（チャーター便），eslogan（スローガン），holding（持株会社），líder（指導者），marketing / márquetin（市場調査），mitin（政治集会）

《社会・生活》bar（バル），boicot / boicoteo（ボイコット），boom / bum（ブーム），campus（キャンパス），club（クラブ），dandi（ダンディー），esmog（スモッグ），esnob（きざな），estándar（標準的な），estrés（ストレス），gay（ゲイの），máster（修士），miss（[美人コンテストの]女王），okey / oká（Am. OK），overbooking（オーバーブッキング），rol（役割），test（テスト），tique / tiquete（入場券）

《住宅》bungalow / bungaló / búngalo（バンガロー），hall（ホール），wáter / váter（水洗便器）

《科学・技術》dron（ドローン），email（E メール），flash / flas（フラッシュ），hacker（ハッカー），iceberg [iθeβéɾ(ɣ) / Am. áisβeɾ(ɣ)]（氷山），Internet（インターネット），mísil / misil（ミサイル），poliéster（ポリエステル），rifle（ライフル銃），software [sóf(t)ɣu̯eɾ]（ソフトウェア），vídeo / [Am.]

13. 借　用

video（ビデオ），web（ウェブ），zoom / zum（ズーム）

《交通・乗り物》bulldozer / buldócer（ブルドーザー），pick-up / picop（小型トラック），scooter / escúter（スクーター），stop（止まれ［標識］），tráiler（トレーラー），túnel（トンネル），yate（クルーザー）

《食事・食品》bacon / beicon（ベーコン），bistec / bisté（ビフテキ），brandy / brandi（ブランデー），cóctel / coctel（カクテル），donut（ドーナツ），grill（焼き網, 焼肉店），kétchup / cátsup（ケチャップ），pudin / pudín（プディング）, ron（ラム酒）, sándwich / sanduche / sanguche（サンドイッチ），whisky / wiski / güiski（ウィスキー）

《服飾》bikini（ビキニ），eslip（スリップ），jersey（セーター），overol（Am. つなぎの作業服），pijama / piyama（パジャマ），pin（飾りピン），suéter（セーター）

《芸術・娯楽》best seller（ベストセラー），blues / blus（ブルース），cómic（漫画本, 漫画雑誌），film / filme（フィルム, 映画），hobby [xóβi]（趣味），jazz [jás]（ジャズ），picnic（ピクニック），póker / póker（ポーカー），pop（ポップ音楽の），rock（ロック）

《スポーツ》bádminton（バドミントン），béisbol（野球），bowling（ボーリング），box / boxeo（ボクシング），camping（キャンプ場），chutar（シュートする），córner（コーナーキック），crol（クロール），cross（クロスカントリー競技），driblar（ドリブルする），fútbol / futbol（サッカー），gol（ゴール），golf（ゴルフ），hit / jit（Am. ヒット），hockey / joquey（ホッケー），jockey / yóquey（競馬の騎手），jonrón（Am. ホームラン），knock-out / nocaut（ノックアウト），penalti / penal（ペナルティー，ペナルティーキック），ping-pong / pimpón（ピンポン），récord（スポーツ記録），rugby / rugbi（ラグビー），sprint / esprint / esprín（短距離走），surf（サーフィン），tenis（テニス），waterpolo（水球）

一見英語のようだが，英語にないスペイン製またはフランス製の偽英語（seudoanglicismo）も存在する.

autostop（ヒッチハイク），balconing（ホテルのバルコニーから下のプールなどに飛び降りること），footing（ジョッギング），puenting（バンジージャンプ）

英語から翻訳借用された例も少なくない.

— 155 —

air-conditioner > acondicionador de aire（空調機）, *basketball* > baloncesto
（バスケットボール）, *handball* > balonmano（ハンドボール）, *volleyball*
> balonvolea（バレーボール）, *science fiction* > ciencia ficción（空想科学
小説）, *nightclub* > club nocturno（ナイトクラブ）, *hard disk* > disco duro
（ハードディスク）, *gas oil* > gasóleo（軽油）, *money laundering* > lavado
de dinero（資金洗浄）, *black-market* > mercado negro（闇市場）, *tax*
haven > paraíso fiscal（租税回避地）, *tramway* > tranvía（路面電車）

なお，paraíso fiscal は英語 *haven*（避難所）が *heaven*（天国）であるかのよ
うに訳されているのでフランス語 *paradis fiscal* からの翻訳借用と見なすべ
きかもしれない.

H. 日本語からの借用語

　日本語からスペイン語への借用語は，日本が 16 〜 17 世紀の約 100 年間大
航海時代のポルトガル・スペインと交流していた時代に借用されたものが最
古であるが，少数であり，しかもポルトガル語を経由したと見られるものが
多い. 下記の語の中では bonzo, biombo などである. 日本が開国した幕末以
後，日本固有の文化を表す語彙を中心に日本語からの借用語が増大するが，
その多くは英語経由と見られる. 女性名詞には f., 性共通名詞には m-f. と
記す.

aikido（合気道）, biombo（屏風，ついたて）, bonsái / bonsay（盆栽）,
bonzo（仏教僧侶）, bushido（武士道）, caqui / kaki（柿）, catana（f. 日本
刀）, daimio（大名）, emoji（絵文字）, futón（布団）, geisha / geisa [géisa]
（f. 芸者）, haiku / haikú（俳句）, haraquiri（切腹）, ikebana（華道）,
judo / yudo（柔道）, kabuki（歌舞伎）, kamikaze / camicace（特攻隊員,
m-f. 命がけの無謀な行為をする人，自爆テロリスト）, karaoke（カラオ
ケ）, kárate / karate（空手）, karateca（m-f. 空手選手）, kendo（剣道）,
kimono / quimono（着物，柔道着，空手着）, manga（漫画）, mikado /
micado（天皇）, moxa（f. もぐさ，灸）, ninja（忍者）, nipón m. / nipona f.
（日本の，日本人）, origami（折り紙）, sake（日本酒）, samurái /
samuray（武士）, shogún / sogún（将軍）, sintoísimo（神道）, soja / soya（f.
大豆）, sumo（相撲）, sushi（寿司）, tanka（f. 短歌）, tatami（畳，柔道場）,
tempura（f. てんぷら）, tofu（豆腐）, tsunami（津波）, yen（円）, yudoca
（m-f. 柔道選手）, zen（禅）

参 考 文 献

Alvar Ezquerra, Manuel, 2002, *La formación de palabras en español*, 5a. ed., Madrid, Arco Libros.

Ambadiang, Théophile, 1994, *La morfología flexiva*, Madrid, Taurus.

Bosque, Ignacio y Violeta Demonte (eds.), 1999, *Gramática descriptiva de la lengua española*, vol. 3: Entre la oración y el discurso; Morfología, Real Academia Española: Colección Nebrija y Bello, Madrid, Espasa.

出口厚美, 1997, 『スペイン語学入門』, (大学書林).

Dixon, R.M.W. y Alexandre Y. Aikhenvald (eds.), 2002, *Word; A cross-linguistic typology*, Cambridge University Press.

Fábregas, Antonio, 2013, *La morfología; El análisis de la palabra compleja*, Madrid, Editorial Síntesis.

Fernández Ramírez, Salvador, 1986, *La derivación nominal*, Anejo del Boletín de la Real Academia Española, Madrid.

Hualde, José Ignacio, Antxon Olarrea y Erin O'Rourke (eds.), 2012, *The Handbook of Hispanic Linguistics*, Chichester, Wiley-Blackwell.

Lang, M.F., 1990, *Spanish Word Formation*, London, Routledge.

Lapesa, Rafael, 1981, *Historia de la lengua española*, 9a. ed., Madrid, Editorial Gredos.
　[中岡省治・三好準之助 (訳), 2004, 『スペイン語の歴史』, 昭和堂]

松本裕治・影山太郎 (他), 1997, 『単語と辞書』, 岩波講座言語の科学3, 岩波書店.

宮岡伯人, 2002, 『「語」とはなにか；エスキモー語から日本語を見る』, 三省堂.

―――, 2015, 『「語」とはなにか・再考―日本語文法と「文字の陥穽」』, 三省堂.

Moreno de Alba, José G., 1988, *El español en América*, México, Fondo de Cultura Económica.

Náñez Fernández, Emilio, 1973, *El diminutivo; historia y funciones en el español clásico y moderno*, Madrid, Gredos.

Real Academia Española [RAE], 1973, *Esbozo de una nueva gramática de la lengua española*, Madrid, Espasa-Calpe.

Real Academia Española y Asociación de la Lengua Española, 2009, *Nueva gramática de la lengua española*, vol. 1: Morfología Sintaxis 1, Madrid, Espasa Libros.

参 考 文 献

―――, 2010a, *Diccionario panhispánico de dudas*, Madrid, Santillan Ediciones.

―――, 2010b, *Nueva gramática de la lengua española, Manual*, Madrid, Espasa Libros.

―――, 2010c, *Ortografía de la lengua española*, Madrid, Espasa Libros.

―――, 2013, *El buen uso del español*, México, D.F., Planeta Mexicana.

Spencer, Andrew y Arnold M. Zwicky (eds.), 1998, *The Handbook of Morphology*, Oxford, Blackwell.

寺﨑英樹，2011，『スペイン語史』，大学書林.

―――, 2017, 『発音・正書法』，スペイン語文法シリーズ１，大学書林.

Valera Ortega, Soledad, 1992, *Fundamentos de morfología*, Madrid, Editorial Síntesis.

――― (ed.), 1993, *La formación de palabras*, Madrid, Taurus.

山田善郎（他），1995，『中級スペイン語文法』，白水社.

用 語 索 引

あ

アクセント句　grupo acentual　　13
アメリカ借用語　americanismo　　151

い

異形態　alomorfo　　5

か

外心複合語　compuesto exocéntrico
　　114
外来語　extranjerismo　　148
学識語　cultismo　　24, 147
学術的文字記号
　símbolo alfabetizable　　27
拡大辞　aumentativo　　96, 102
過去語幹　tema de pretérito　　34
貫通接辞　transfijo　　8
幹母音　vocal temática　　32
関連形容詞　adjetivo relacional　　84

き

規則動詞　verbo regular　　32
基体　base　　8
逆成　formación regresiva　　135
強変化の過去　pretérito fuerte　　59

く

句　grupo sintáctico　　14, 112
屈折　flexión　　17

屈折語　palabra flexionada　　14
屈折語（言語）　lengua flexiva　　18
屈折語尾　desinencia, terminación　　8
屈折接辞　afijo flexivo　　8
屈折変化表　paradigma　　2, 30

け

形態　morfo　　4
形態素　morfema　　4
形態論的分節　segmento morfológico
　　5, 21
軽蔑辞　peyorativo　　96, 103
欠如動詞　verbo defectivo　　65
現在語幹　tema de presente　　34

こ

語　palabra　　11
語彙的形態素　morfema léxico　　7
合成語　palabra compleja　　14
後接語　proclítico　　13
拘束形態素　morfema ligado　　7
語基　base léxica　　8, 68
語形成　formación de palabras　　2, 68
語根　raíz　　7
固有複合語　compuesto propio　　112
固有名　denominación propia　　134
語連接　complejo de palabras　116, 130
混成　acronimia　　142
混成語
　acrónimo, palabra entrecruzada　142

— 159 —

用語索引

し

時制形式　forma temporal del verbo
　　　　　　30
字名読み頭字語　sigla deletreada　140
借用　préstamo lingüístico　146
借用語　préstamo (léxico)　146
自由形態素　morfema libre　7
従属複合語　compuesto subordinativo
　　　　　　113
住民形容詞　adjetivo gentilicio　88
住民名詞　sustantivo gentilicio　23, 89
縮小辞　diminutivo　96, 97
準学識語　semicultismo　147
自立語　palabra independiente　13
新古典的語幹　tema neoclásico　122
新古典複合語　compuesto neoclásico
　　　　　　123

す

数　número　20

せ

性　género　20, 22, 104
性標識　marca de género　20
接語　clítico　13
接語句　grupo clítico　13
接語代名詞　pronombre clítico　14, 15
接辞　afijo　7
接辞付加　afijación　69
接中辞　infijo　9
接頭辞　prefijo　8
接頭辞付加　prefijación　106

接尾辞　sufijo　8
接尾辞付加　sufijación　69
ゼロ形態　morfo cero　7
前接語　enclítico　13

そ

造語　acuñación　144
挿入辞　interfijo　9

た

単語読み頭字語　sigla silabeada
　　　　　　140, 141
短縮　acortamiento　137
短縮語　acortamiento　26, 137
単純語　palabra simple　14
単純時制　tiempo simple　30

て

伝承語　palabra patrimonial　146
転用　traslación　135

と

等位複合語　compuesto coordinativo
　　　　　　113
統語的複合語　compuesto sintáctico
　　　　　　112
頭字語　sigla　27, 140
動詞語幹　tema verbal　32
動詞名詞複合語
　　compuesto verbonominal　118

用語索引

な

内心複合語　compuesto endocéntrico
　　　　　113

は

派生　derivación　　17
派生語　palabra derivada, derivado　17
派生接辞　afijo derivativo　　8

ひ

評価辞　apreciativo　　96
品質形容詞　adjetivo calificativo　84

ふ

不規則動詞　verbo irregular　　32
複合　composición　　112
複合語　palabra compuesta, compuesto
　　　　　26, 112
複合時制　tiempo compuesto　30, 41
複接派生　parasíntesis　　10, 94
付属語　palabra dependiente　13
文法的形態素　morfema gramatical　7
文法範疇　categoría gramatical　21

へ

並置複合語　compuesto yuxtapuesto
　　　　　116, 129

ほ

母音交替動詞
　　verbo con alternancia vocálica　52
母音接続　hiato　　50
補充形態　morfo suplente　　6
ボス語法　voseo　　40
ホスト　*host*, hospedero　　13
翻訳借用　calco léxico　　146

む

無人称形　forma no personal del verbo
　　　　　30

め

名詞標識　marca nominal　　21

ゆ

融合形態　amalgama　　7

ら

ラテン語借用語　latinismo　　147

り

略号　abreviatura　　26, 140
両面接辞　circunfijo　　10

れ

連辞　sintagma　　11
連辞的複合語
　　compuesto sintagmático　112

— 161 —

著者紹介

寺﨑 英樹 ［てらさき・ひでき］

東京外国語大学名誉教授（スペイン語学，ロマンス語学）

目録進呈　落丁本・乱丁本はお取替えいたします。

平成 31 年（2019 年）1 月 10 日　　Ⓒ 第 1 版発行

《スペイン語文法シリーズ》2

語形変化・語形成

著　者　寺﨑英樹

発行者　佐藤政人

発　行　所

株式会社 **大学書林**

東京都文京区小石川 4 丁目 7 番 4 号
振替口座　　00120-8-43740
電話　(03)3812-6281 〜 3 番
郵便番号　112-0002

ISBN978-4-475-01628-5　　ロカータ・横山印刷・常川製本

大学書林
スペイン語参考書

寺﨑英樹 著	スペイン語史	A 5 判	340 頁
寺﨑英樹 著	スペイン語文法の構造	A 5 判	256 頁
寺﨑英樹 著	スペイン語文法シリーズ ① 発音・文字	A 5 判	200 頁
笠井鎭夫 著	スペイン語四週間	B 6 判	420 頁
笠井鎭夫 著	基礎スペイン語	B 6 判	248 頁
宮本博司 著	初歩のスペイン語	A 5 判	280 頁
宮本博司 著	超入門スペイン語	A 5 判	168 頁
宮城 昇 著	スペイン文法入門	B 6 判	216 頁
出口厚実 著	スペイン語学入門	A 5 判	198 頁
中岡省治 著	中世スペイン語入門	A 5 判	232 頁
三好準之助 編	簡約スペイン語辞典	新書判	890 頁
宮本博司 編	スペイン語常用 6000 語	新書判	384 頁
宮本博司 著	スペイン語分類単語集	新書判	320 頁
笠井鎭夫 著	スペイン語手紙の書き方	B 6 判	210 頁
笠井鎭夫 著	実用スペイン語会話	新書判	220 頁
瓜谷 望 アウロラ・ベルエタ 編	スペイン語会話練習帳	新書判	176 頁
瓜谷良平 著	スペイン語動詞変化表	新書判	140 頁
山崎信三 フェリペ・カルバホ 著	スペイン語ことわざ用法辞典	B 6 判	280 頁
青島郁代 著	会話で覚えるスペイン語文法用例集	A 5 判	184 頁
三好準之助 著	概説アメリカ・スペイン語	A 5 判	232 頁

―目録進呈―